Uwe Kolster

Kochen mit Tofu

Die gesunde Alternative

FALKEN VERLAG

Vom gleichen Autor ist im Falken-Verlag das Buch »Alternativ essen, die gesunde Sojaküche« (Nr. 0553) erschienen.

CIP-Kurztitelaufnahme der Deutschen Bibliothek

Kolster, Uwe:
Kochen mit Tofu: d. gesunde Alternative/Uwe Kolster. –
Niedernhausen/Ts.: Falken-Verlag, 1987.
(Falken-Bücherei)
ISBN 3-8068-0894-5

ISBN 3 8068 0894 5

Titelbild: TLC-Foto-Studio GmbH, Bocholt
Fotos: TLC-Foto-Studio GmbH, Bocholt

Gesamtherstellung: Neuwieder Verlagsgesellschaft mbH, Neuwied

817 2635 4453 6271

Inhalt

Vorwort

Viele Menschen in der westlichen Welt sind auf ihrer Suche nach vollwertigen, naturnahen, das heißt mit wenigen industriellen Arbeitsgängen hergestellten Nahrungsmitteln auf ein über 2000 Jahre altes asiatisches Grundnahrungsmittel gestoßen: Tofu.

Der Siegeszug, den Tofu Anfang der 80er Jahre in unseren Küchen antrat, scheint unaufhaltsam zu sein.

Durch zunehmende Gesundheits- und Natursensibilisierung breiter Bevölkerungsschichten findet eine stille »Küchenrevolution« statt.

Viele Menschen stellen ihre Eßgewohnheiten um; es hat sich eine neue, gesunde Eßkultur etabliert.

Der hohe Gesundheitswert von Tofu – es ist eiweißreich, fettarm, enthält kaum Kohlenhydrate, kein Cholesterin –, seine schnelle Verfügbarkeit, kurze Garzeiten, kaum Garverluste, dies sind Argumente, die den Tofu-Verzehr attraktiv machen.

Wir Verbraucher haben es in der Hand, durch den Verzehr von gesunden Nahrungsmitteln nicht so schnell zu Verbrauchten zu werden.

In diesem Buch werden Ihnen erprobte Tofurezepte vorgestellt.

Aufstriche, Suppen und Sättigungssalate finden Sie ebenso wie Aufläufe, Haupt- und Spezialgerichte. Rohkostsalate, Soßen und Milchmixgetränke aus Soja komplettieren diese Rezeptsammlung. Machen Sie mit diesem Buch einen Ausflug in die zauberhafte Tofuwelt.

Zauberhafter Tofu

Die Glycine max, so der wissenschaftliche Name der Sojabohne, kann auf eine etwa 5000 Jahre alte Tradition zurückblicken.

Es gibt über 2000 Sorten dieses Schmetterlingsblütlers, der, ähnlich unseren Erbsen, Bohnen und Linsen, eine Hülsenfrucht ist.

Die frühere Wertschätzung der Sojabohne mag daher rühren, daß sie im alten China zu den fünf heiligen Pflanzen gezählt wurde. Von China aus kam die Bohne nach Japan, Korea, Indonesien und wurde bald in der gesamten asiatischen Welt kultiviert.

Während eines Japanaufenthalts um 1700 lernte ein deutscher Botaniker die Bohne kennen und brachte sie nach Europa. Im botanischen Garten von Paris wurde die »große kleine Bohne«, die »Kuh des Ostens«, angebaut. Nachdem sich der Botaniker Gottlieb Haberlandt der Sojabohne angenommen hatte, dauerte es immerhin noch 160 Jahre, ehe die Amerikaner sie anbauten. Die USA haben für die Kultivierung der Sojabohne das ideale Klima. Somit stand ihrem Siegeszug nichts mehr im Weg. Heute sind die USA der größte Sojabohnenproduzent. Die vielfältigen Verwendungsmöglichkeiten dieser Bohne demonstrierte der Automobilhersteller Henry Ford, der sie als die Entdekkung schlechthin feierte. Er zelebrierte eine Menüfolge, die aus 16 Gängen bestand. Sämtliche Speisen, selbst die Getränke, waren aus der Sojabohne hergestellt.

Seit einiger Zeit werden auch in Europa, besonders in Italien und Frankreich, erfolgversprechende Versuche mit dem Sojabohnenanbau gemacht.

Tofuherstellung

Tofu wird aus der gelben Sojabohne, Wasser und einem Gerinnungsmittel (Fällungsmittel) hergestellt.

Die Sojabohnen werden etwa neun bis zwölf Stunden eingeweicht, dann püriert, gekocht und gefiltert. Dadurch werden die festen von den flüssigen Bestandteilen getrennt. Ähnlich wie bei Käseherstellung wird das Eiweiß durch Zugabe von Gerinnungsmitteln ausgeflockt. Bei Hensel-Tofu werden beispielsweise Calciumchlorid und Calciumsulfat verwendet. Obstessig und Zitrone bewirken ebenfalls eine Gerinnung, nur ist die Ausbeute damit nicht optimal und der Geschmack wird negativ beeinflußt. Das Gerinnungsmittel muß in die Sojamilch eingerührt werden.

Das Eiweiß gerinnt, das heißt, die Sojamilch teilt sich in weißen Quark und Molke. Die Molke wird abgeschöpft, der Quark in mit Tüchern ausgeschlagene Kästen gegeben und vorsichtig gepreßt – der Tofu ist fertig.

Nach den Feuchtigkeitsgraden wird die Masse in weichen Tofu, Standard-Tofu, Seiden-Tofu, festen Tofu und extra festen Tofu unterschieden.

Der Eiweißgehalt von Tofu ist unterschiedlich und schwankt zwischen 4 und 16%.

Tofu enthält 4 bis 6% rein pflanzliches Fett und 1 bis 2% Kohlenhydrate. Der Rest ist Wasser. Diese Werte unterstreichen, daß Tofu für einige Kostformen besonders geeignet ist.

Das Eiweiß enthält alle 8 essentiellen (lebensnotwendigen) Aminosäuren, die dem Körper zugeführt werden müssen.

Der Fettgehalt des Tofus steht in einem idealen Verhältnis zum Eiweiß. Das pflanzliche Fett ist reich an hochungesättigten Fettsäuren (Linolsäuren), die in dieser günstigen Zusammensetzung nur in Tofu vorhanden sind.

Die Kohlenhydrate sind kaum der Rede wert.

Abgerundet wird dieses vollwertige Grundnahrungsmittel durch Vitamine und Mineralstoffe. Phosphor, Kalium, Natrium und Kalzium sind ebenso wie Vitamin E reichlich vertreten. Tofu ist leicht verdaulich; der Organismus verarbeitet 95%.

Nach dem Ei hat Tofu den höchsten Anteil an der Nervennahrung Lecithin, aber kein Cholesterin.

Tofu und Sojamilch enthalten kein Milcheiweiß und sind somit besonders interessant für Milchallergiker.

Tofu wird überwiegend vakuumverpackt in Reformhäusern mit hohem Qualitätsstandard angeboten. Hensel-Tofu ist als Standardware oder auch koch- und bratfertig mariniert, das heißt gewürzt, erhältlich. Gehandelt wird das »Fleisch des Feldes« auch offen und in mit Wasser gefüllten Eimern oder Gläsern. Das ist allerdings der teuerste Tofu.

Als Frischeprodukt sollte Tofu so schnell als möglich verarbeitet werden. In Folie eingeschlagen hält er sich etwa zehn bis zwölf Tage im Kühlschrank. Frischer Tofu hat einen leichten Eigengeschmack, seine Oberfläche ist trocken und glatt, keinesfalls schmierig oder glitschig.

Tofu läßt sich einfrieren, ohne seine guten Eigenschaften zu verlieren. Allerdings ändert er seine Beschaffenheit und wird leicht gelblich mit einer feinen, porösen Struktur. Den aufgetauten Tofu sollte man auspressen und in würzige Marinade geben, damit er Geschmack aufnimmt.

Mit diesem Wissen, das zwar nur theoretisch ist, aber Verständnis für das Frischeprodukt Tofu wecken soll, ist der Einstieg in die Zauberwelt des Tofu gegeben.

Herzhafte Aufstriche, Salatsoßen, kernigkräftige Eintöpfe, pikante Aufläufe, knackigfrische Rohkostsalate, gaumenschmeichelnde Feinkostsalate und raffinierte Spezialitätengerichte, das ist das Repertoire der Tofuküche.

Sojamilch und Sojadesserts sind aus der Tofuküche nicht wegzudenken. Daher werden diese Produkte im folgenden Kapitel besonders dargestellt.

Drinks und Desserts aus Soja und Tofu

Für viele Menschen sind Sojadrinks und Desserts aus Soja oder Tofu eine echte Alternative geworden. Neueste Erkenntnisse besagen, daß 90% der Menschen, besonders Kinder nach dem Abstillen, auf Kuhmilch empfindlich reagieren. Nach der Stillperiode geht die Fähigkeit, Laktose (Milchzucker) aufzuspalten und zu verwerten, verloren. Ekzeme, Hautausschläge, Verdauungsstörungen und verschiedene Allergien sind oft die Folge der Laktoseunverträglichkeit. Dies läßt sich jedoch oft durch Umstellung auf Sojamilch, die frei von Laktose ist, umgehen.

Da Kinder nicht alles gleich gut vertragen, sollte man sie möglichst behutsam auf Sojamilch und Tofu umstellen. Die Umstellung wird erleichtert, wenn sie acht bis zehn Tage lang Kräutertee trinken. Anschließend bekommen sie süße und herzhafte Gerichte, Breie, Reis, Pudding, Suppen und Soßen mit Sojamilch.

Wenn man Sojamilchgerichte mit Nußmusen, besonders mit Mandelmus, ergänzt, erhält man auch ernährungsphysiologisch betrachtet optimale Speisen.

Was Kinder gut vertragen, gilt für Erwachsene und besonders für ältere Menschen ebenso.

Bei der Sojamilch gibt es natürlich verschiedene Geschmacksrichtungen. Die »Nuxo-Soja-Drinks« sind im Reformhaus erhältlich, leicht gesüßt mit rohem Zucker, Honig und Malz, mit Kakao und ungesüßt (für Diabetiker geeignet). Sojadesserts gibt es in den Geschmacksrichtungen »Vanille« und »Schoko«. Selbstverständlich werden die »Nuxo-Soja-Drinks« ohne chemische Verfahren oder Lösungsmittel gewonnen. Sie entsprechen den strengen Qualitätskriterien der neuform-Reformhäuser.

Die folgenden Rezepte sind für vier Personen berechnet. Es sind Grundrezepte, die nach Belieben variiert werden können.

Energiespenderdrink

Zutaten

2 mittelgroße Bananen
50 g Mandelmus
1 l Nuxo-Soya-Drink ungesüßt
einige Spitzer Zitronensaft

Zubereitung

1. Die geschälten Bananen mit dem Mandelmus pürieren. Auffüllen mit Sojadrink.
2. Abschmecken mit Zitronensaft. Gekühlt servieren.

Vitamindrink

Zutaten

1 l Nuxo-Soya-Drink mit Honig und Malz
100 g Sanddorn
einige Spritzer Zitronensaft

Zubereitung

Sojadrink mit dem Sanddorn und dem Zitronensaft verrühren. Gut gekühlt servieren.

Nougatdrink

Zutaten

1 l Nuxo-Soya-Drink mit Kakao
100 g Nougatcreme
einige Spritzer Zitronensaft

Zubereitung

Soja-Drink mit Nougatcreme und Zitronensaft verrühren. Gut gekühlt servieren.

Herzhafter Sojadrink

Zutaten

75 g Hefeextrakt
50 g Vitaquell-Distelöl
1 l Nuxo-Soya-Drink ungesüßt
Schnittlauchröhrchen

Zubereitung

Hefeextrakt mit dem Distelöl verrühren. Mit Sojamilch auffüllen. Kurz vor dem Servieren mit einer reichlichen Portion Schnittlauchröhrchen bestreuen.

Kiwi-Soja-Drink

Zutaten

3 Kiwis
50 g Honig
1 l Nuxo-Soya-Drink

Zubereitung

Die Kiwis halbieren, das Fruchtfleisch herauslösen, mit Honig und dem Sojadrink pürieren. Gekühlt servieren.

Anstelle von Kiwis können Sie auch Früchte der Jahreszeit wie Erdbeeren, Äpfel oder Birnen verwenden.

Tofudessert
– Grundrezept –

Zutaten

400 g Tofu ungewürzt
50 g Distelöl
75 g Honig
Saft einer Zitrone
2 g gemahlene Vanille
2 g gemahlener Zimt
einige Körnchen Salz

Zubereitung

1. Tofu mit Distelöl und Honig pürieren. Zitronensaft hinzugeben. Dann mit Vanille, Zimt und Salz verrühren.
2. Kühl stellen und portionieren.

Zu diesem Dessert können Sie je nach der Jahreszeit frisches Obst reichen.
Im Winter eignen sich hervorragend Trokkenfrüchte wie Aprikosen, Datteln oder Feigen. Wenn Sie Trockenobst verarbeiten, können Sie die Honigmenge reduzieren. Trockenobst sollte man stets waschen, am Vorabend einweichen und dann zerkleinern. Schütten Sie das Einweichwasser von Trokkenfrüchten nicht weg, da in diesem Wasser die wertvollen Mineralien und die Süßkraft des Trockenobstes stecken.
Eingeweichte Rosinen geben dem Tofudessert eine extravagante Note.

Sojamilchreis mit Obst

Zutaten

1 Tasse Rundkornvollreis
1 l Nuxo-Soya-Drink mit rohem Rohrzucker
50 g ungeschwefelte Rosinen
1 Stange Vanille
500 g Erdbeeren oder Obst der Jahreszeit
50 g Ahornsirup
einige Körnchen Salz und Zucker

Zubereitung

1. Den Reis waschen. Mit Sojadrink auffüllen und zum Kochen bringen. Rosinen, Vanille sowie einige Körnchen Salz und Zucker zugeben. Energiezufuhr reduzieren. Reis etwa 40 Minuten ausquellen lassen.
2. Zwischenzeitlich die Erdbeeren waschen, putzen, eventuell zerkleinern und mit dem Ahornsirup marinieren.
3. Erdbeeren über den portionierten warmen Milchreis geben. Schmeckt auch kalt vorzüglich.

Anstelle von Reis können Sie auch Vollkornnudeln, Hirse und Vollkorngrieß für dieses Dessert verarbeiten.
Äpfel und Birnen geraspelt unter den Reis geben, nicht mehr kochen.
Härteres Obst sollte zerkleinert und kurz mitgekocht werden, zum Beispiel Pflaumen oder Kirschen.
Zum Garnieren eignen sich vorzüglich Kiwis. Auch Streifen von frischen Mangos geben diesen süßen Gerichten eine aparte Note.

Aufstriche aus Tofu, süß bis herzhaft

Die Grundrezepte für die Aufstriche, ob süß oder herzhaft, sind gleich.
Tofu wird püriert. Wasser, Distelöl und die geschmackgebenden Komponenten werden hinzugegeben.
Diese Aufstriche schmecken nicht nur, sie haben auch den Vorteil, kein Cholesterin zu enthalten, weil sie rein pflanzlich sind. Auch ist ihr Fettanteil gegenüber anderen Produkten deutlich geringer.
Für die süßen Aufstriche sollten Sie den Standard-Tofu ungewürzt von Hensel wegen seines völlig neutralen Geschmacks verwenden. Für die herzhaften Rezepturen eignet sich auch Hensels koch- und bratfertig marinierter, also gewürzter Tofu.

Ahorn-Bananen-Aufstrich

Zutaten

250 g Hensel-Tofu ungewürzt
1/8 l Wasser oder Sojamilch
50 g Distelöl
1 reife Banane
1 reife Birne
Ahornsirup

Zubereitung

1. Tofu mit Wasser oder Sojamilch, Distelöl und der geschälten Banane pürieren.
2. Die geschälte, geraffelte Birne mit dem Ahornsirup zum Tofu geben. Alles gut durchrühren.

Aufstrich mit Datteln und Honig

Zutaten

250 g Hensel-Tofu ungewürzt
1/8 l Wasser oder Nuxo-Sojamilch
50 g Distelöl
100 g getrocknete Datteln
50 g Honig
1 Prise Ingwer

Zubereitung

1. Tofu mit Wasser oder Sojamilch, Distelöl und entkernten Datteln pürieren.
2. Den Aufstrich mit Honig abschmecken. Eine Prise Ingwer gibt ihm das gewisse Etwas.

Herzhafter Aufstrich provençal

Zutaten

250 g Hensel-Tofu gewürzt
1/8 l Wasser oder Sojamilch
50 g Vitaquell-Distelöl
15 g Kräutersenf
50 g feingeschnittene Zwiebeln
1 Prise Kräuter der Provence
1 Zehe Knoblauch
10 g Kräutersalz

Zubereitung

1. Tofu gewürzt mit Wasser oder Sojamilch, Distelöl und Kräutersenf pürieren.
2. Zwiebeln, Kräuter der Provence und die zerdrückte Knoblauchzehe unter die Tofumasse rühren.
3. Geschmacklich vollenden mit dem Kräutersalz.

Tofuaufstrich Leckermäulchen

Zutaten

250 g Hensel-Tofu ungewürzt
1/8 l Wasser oder Sojamilch
75 g Nougatcreme
50 g Sesam
50 g Vitaquell-Pflanzenmargarine

Zubereitung

1. Tofu mit Wasser oder Sojamilch und Nougatcreme pürieren.
2. Sesam in Margarine goldgelb anrösten und abgekühlt unter die Tofumasse rühren.

Dieser Aufstrich ist durch den Sesam besonders schmackhaft. Sesam enthält neben viel hochwertigem Eiweiß das wertvolle Vitamin E.

Herzhafter Hefeaufstrich

Zutaten

250 g Hensel-Tofu gewürzt
1/8 l Wasser oder Sojamilch
50 g Vitaquell-Margarine
75 g Hefeextrakt
Danga-Vollmeersalz
2 Bund Schnittlauch

Zubereitung

1. Tofu mit Wasser oder Sojamilch, Margarine und Hefeextrakt pürieren.
2. Mit einigen Körnchen Vollmeersalz abschmecken und Schnittlauchröhrchen unter die Tofumasse rühren.

Herzhafter Frühlingsaufstrich

Zutaten

250 g Hensel-Tofu gewürzt
1/8 l Wasser oder Sojamilch
50 g Vitaquell-Distelöl
50 g feingehackte Zwiebeln
25 g Kräutersalz
feingehackte Petersilie und Schnittlauch

Zubereitung

1. Tofu mit Wasser oder Sojamilch und Distelöl pürieren. Feingehackte Zwiebeln und Kräutersalz unterrühren.
2. Mit feingehackter Petersilie und Schnittlauch abschmecken.

Herzhafter Linsen-Kräuter-Aufstrich

Zutaten

100 g Linsen
250 g Hensel-Tofu gewürzt
10 g Kräutersalz
je 1 Prise Bohnenkraut, Majoran, Thymian
100 g feingehackte Zwiebeln
100 g Vitaquell-Margarine
25 g Vollmeersalz

Zubereitung

1. Linsen waschen und am Vorabend einweichen.
2. Mit Einweichwasser und einigen Körnchen Vollmeersalz die Linsen etwa 45 Minuten garen. Abkühlen lassen.
3. Linsen, Tofu, Kräutersalz und Gewürze pürieren.
4. Zwiebeln in Margarine goldgelb rösten und abgekühlt unter die Masse geben. Abschmecken mit Vollmeersalz.

Herzhafter Grünkernaufstrich

Zutaten

100 g Grünkern
10 g Kräutersalz
250 g Hensel-Tofu gewürzt
50 g Hefeextrakt
1 Prise Rosmarin
50 g feingehackte Zwiebeln
50 g Vitaquell-Margarine
1 Stange frischer Porree

Zubereitung

1. Grünkern waschen, einweichen, mit dem Einweichwasser und Kräutersalz gar kochen (ca. 60 Minuten).
2. Abkühlen lassen, dann mit Tofu, einigen Körnchen Salz, Hefeextrakt und Rosmarin pürieren.
3. Zwiebeln in Margarine anbraten und abgekühlt unter die Tofu-Grünkern-Masse geben.
4. Mit feingeschnittenem, gewaschenem Lauch vermengen.

Honig-Nuß-Aufstrich

Zutaten

250 g Hensel-Tofu ungewürzt
1/8 l Wasser oder Sojamilch
50 g Distelöl
100 g Honig
50 g Haselnußmus oder
100 g Haselnüsse

Zubereitung

1. Tofu mit Wasser oder Sojamilch und Distelöl körnig pürieren; er sollte ähnlich wie Hüttenkäse beschaffen sein.
2. Dann Honig und Haselnußmus hinzugeben, oder die geriebenen Haselnüsse.

Der Aufstrich schmeckt auf Toast genauso gut wie auf kräftigem Vollkornbrot oder Brötchen.

Bunter Nudelauflauf ▷
(Rezept Seite 22)

Herzhafte Suppen und Eintöpfe

Chinasuppe

Zutaten

250 g Hensel-Tofu gewürzt
1 Dose Wasserkastanien
1/2 Dose Mischpilze
50 g Olivenöl
25 g Guadalquivir-Ahornsirup
25 g Obstessig
einige Körnchen Streuwürze
25 g Sojasoße
1 l Wasser
2 Stangen Porree
25 g Speisestärke

Zubereitung

1. Tofu würfeln. Wasserkastanien und Pilze auf ein Sieb geben und abtropfen lassen.
2. Olivenöl und Ahornsirup in einen Topf geben und unter gelinder Hitze mit dem Schneebesen verrühren.
3. Tofu, Pilze und Kastanien in den Topf geben. Mit Obstessig ablöschen. Abschmekken mit Streuwürze und Sojasoße.
4. Auffüllen mit Wasser, zum Kochen bringen, dann den in feine Ringe geschnittenen Porree zugeben. Alles aufkochen lassen. Mit angerührter Speisestärke binden. Nochmals aufkochen. Abschmecken.

Schottische Graupensuppe

Zutaten

100 g Graupen
1 Bund Suppengrün oder tiefgekühlte Ware
250 g Hensel-Tofu ungewürzt
100 g Zwiebeln feingehackt
50 g Vitaquell-Margarine
1 1/2 l Gemüsebrühe
5 g Kräutersalz
einige Körnchen pflanzliche Streuwürze
1 Schachtel Kresse

Zubereitung

1. Graupen mit geputztem und zerkleinertem Suppengrün oder der tiefgekühlten Ware, feingehackten Zwiebeln und gewürfeltem Tofu in Margarine anschwitzen.
2. Mit Gemüsebrühe auffüllen. Alles zum Kochen bringen. Bei reduzierter Energiezufuhr die Suppe etwa 45 Minuten köcheln lassen.
3. Abschmecken mit Kräutersalz und pflanzlicher Streuwürze. Kurz vor dem Servieren mit reichlich Kresse bestreuen.

Sie können die Suppe noch mit 2 Eigelben und 1/8 l Rahm geschmacklich vollenden.

◁ *Chinasuppe*
(Rezept oben)

Avocado-Möhren-Suppe

Zutaten

500 g Möhren
500 g Kartoffeln
50 g Vitaquell-Pflanzenmargarine
50 g feingehackte Zwiebeln
1/2 l Wasser
1 l Nuxo-Soya-Drink ungesüßt
25 g Danga-Kräutersalz
evtl. 30 g Speisestärke
2 Avocados
1 Beet Kresse

Zubereitung

1. Die Möhren waschen, schrappen, stifteln. Kartoffeln schälen, würfeln, waschen. In Margarine mit Zwiebeln glasig andünsten. Mit Wasser auffüllen und zum Kochen bringen. Energiezufuhr reduzieren. Möhren und Kartoffeln etwa 15 Minuten leise köcheln lassen. Sojadrink ungesüßt und Kräutersalz hinzugeben. Aufkochen. Eventuell mit Speisestärke binden. Dann das Ganze nochmals aufkochen.

2. Avocados halbieren, Kerne herauslösen, die Früchte schälen und in feine Würfel schneiden.

Mit der Kresse kurz vor dem Servieren über die heiße Suppe geben.

Bunter Tofu-Bohnen-Eintopf

Zutaten

500 g Bohnen
250 g Möhren
250 g Kartoffeln
2 Stangen Lauch
1 1/2 l Gemüsebrühe oder Wasser
10 g Kräutersalz
100 g feingehackte Zwiebeln
250 g Hensel-Tofu gewürzt
50 g Vitaquell-Margarine
frisches Bohnenkraut
1 Bund Petersilie

Zubereitung

1. Das Gemüse waschen. Die Bohnen von Fäden befreien, die Möhren und die geschälten Kartoffeln würfeln. Den Lauch in breite Ringe schneiden.

2. Die Bohnen, Möhren und Kartoffeln in einen Topf geben, mit Gemüsebrühe oder Wasser auffüllen und zum Kochen bringen. Den Eintopf bei reduzierter Energie etwa 10 Minuten köcheln lassen.

3. Die Lauchringe zur Suppe geben. Dann nochmals das Gemüse bei reduzierter Energie 10 Minuten köcheln lassen. Kräutersalz zugeben.

4. Die feingehackten Zwiebeln und den gewürfelten Tofu in Vitaquell anschwitzen und zum Eintopf geben. Mit dem gehackten Bohnenkraut und der Petersilie abschmecken. Wer den Eintopf kräftiger liebt, würzt mit Danga-Flüssigwürze nach.

Frühlingssuppentopf mit Tofu und 6-Korn-Vollkornnudeln

Zutaten

300 g Sellerie
300 g Porree
500 g Möhren
100 g feingehackte Zwiebeln
50 g Vitaquell-Margarine
1 kleiner Blumenkohl
10 g Vollmeersalz
25 g Flüssigwürze
250 g Hensel-6-Korn-Vollkornnudeln
250 g Tofu
1 Lorbeerblatt
2 Bund Petersilie

Zubereitung

1. Das feingeschnittene und gewaschene Gemüse (Porree in 1 cm dicke Ringe schneiden, damit er nicht zerkocht) und die feingehackten Zwiebeln in Margarine kurz dämpfen. Mit 1 l Wasser auffüllen.
2. Blumenkohl waschen und die Röschen zum Gemüse geben. Gemüse etwa 15 Minuten langsam köcheln lassen.
3. Vollmeersalz und Flüssigwürze zum Gemüse geben.
4. Zwischenzeitlich die Nudeln nach Anweisung garen und abschrecken.
5. Den gewürfelten Tofu, die Nudeln und das Lorbeerblatt zum Frühlingssuppentopf geben. Nochmals aufkochen lassen. Mit frisch gehackter Petersilie bestreuen.

Hamburger Graupensuppe süß-sauer

Zutaten

100 g Graupen
1 1/2 l Gemüsebrühe
250 g Hensel-Tofu
200 g Sellerie
50 g Vitaquell-Margarine
250 g gemischtes Backobst
50 g Hensel-Obstessig mit Honig und Molke
20 g Rohrzucker
einige Körnchen Kräutersalz
1 g Majoran
1 g Basilikum
1 g Thymian

Zubereitung

1. Graupen in der Gemüsebrühe zum Kochen bringen und bei reduzierter Energiezufuhr etwa 60 Minuten leise köcheln lassen.
2. Tofu würfeln. Sellerie waschen, dünn schälen, raspeln und in Margarine anschwitzen. Zur Suppe geben. Das gewaschene, zerkleinerte Backobst etwa 20 Minuten mitgaren lassen.
3. Abschmecken mit Obstessig, Rohrzucker, Kräutersalz, Majoran, Basilikum und Thymian.

Aufläufe

Bunter Nudelauflauf

Zutaten

250 g Vollkornnudeln
250 g Hensel-Tofu gewürzt
250 g Blattspinat
50 g Vitaquell-Margarine
6 Eier
1/2 l Milch
5 g Kräutersalz
1 Strich Muskat
500 g Tomaten
125 g geriebener Gouda

Zubereitung

1. Nudeln nach Anweisung garen und abtropfen lassen. Gewürfelten Tofu mit Blattspinat in Margarine dünsten. Nudeln mit Kräutersalz und Muskat würzen. Dann gut mischen.
2. Das Gemisch in eine geölte Auflaufform geben. Eier und Milch verquirlen, mit Kräutersalz und Muskat abschmecken. Diesen Guß über die Spinatnudeln geben.
3. Tomaten vom Stengelansatz befreien, in Scheiben schneiden und den Auflauf damit belegen. Mit Folie abdecken. Im Ofen bei etwa 200° C 30 Minuten backen. Die Folie abnehmen.
4. Den Auflauf mit geriebenem Käse bestreuen und goldgelb überbacken.

(Foto Seite 17)

Sauerkrautauflauf

Zutaten

250 g Hensel-Tofu gewürzt
100 g feingehackte Zwiebeln
100 g Vitaquell-Margarine
500 g Sauerkraut
1/4 l Apfelsaft
750 g Kartoffeln
2 Eier
25 g Sonnenblumenöl
Margarineflöckchen

Zubereitung

1. Tofu würfeln und mit den feingehackten Zwiebeln in 50 g Margarine anschwitzen. Sauerkraut dazugeben. Alles kräftig angehen lassen. Mit Apfelsaft ablöschen. Bei reduzierter Energiezufuhr 30 Minuten garen.
2. Kartoffeln waschen, kochen, pellen, pürieren. 50 g Margarine und 2 Eigelbe zum Kartoffelpüree geben. Die Eiweiße steif schlagen und unter die Kartoffelmasse heben.
3. Auflaufform mit Öl auspinseln. Lageweise, beginnend mit Kartoffelmasse und abschließend mit Sauerkraut die Massen einfüllen. Margarineflöckchen aufsetzen.
4. Den Auflauf bei 180° C etwa 30 Minuten backen.

Nudel-Zucchini-Auflauf

Zutaten

250 g Vollkornnudeln
400 g Möhren
500 g Zucchini
50 g Vitaquell-Margarine
100 g feingehackte Zwiebeln
250 g Hensel-Tofu gewürzt
3 Stangen Porree
einige Körnchen Salz
5 Eier
1/4 l saure Sahne
5 g Kräutersalz
100 g Semmelbrösel
3 Bund Schnittlauch

Zubereitung

1. Vollkornnudeln nach Anweisung garen. Abspülen.
2. Möhren waschen, schrappen, in leicht gesalzenem Wasser kernig garen. Zucchini waschen, fein würfeln. In Margarine mit Zwiebeln und gewürfeltem Tofu dünsten. Nach 10 Minuten die gewürfelten Möhren und den gewaschenen, fingerdick geschnittenen Porree zugeben.
3. Das Ganze nochmals etwa 10 Minuten dünsten. Eventuell etwas Wasser angießen. Mit einigen Körnchen Salz würzen. Nudeln zugeben. Alles durchschwenken.
4. Eier mit saurer Sahne verquirlen und mit Kräutersalz abschmecken.
5. Das Nudel-Gemüse-Gemisch in eine geölte Auflaufform geben und mit dem Eier-Sahne-Guß übergießen. Mit Semmelbröseln bestreuen. Den Auflauf bei 180°C 30 bis 40 Minuten backen. Dann mit Schnittlauchröhrchen bestreuen.

Apfel-Nudel-Auflauf

Zutaten

250 g Hensel-6-Korn-Vollkornnudeln
50 g Vitaquell-Margarine
100 g Zucker
1 Päckchen Vanillezucker
4 Eier
Saft einer halben Zitrone
abgeriebene Schale von 1 unbehandelten Zitrone
einige Körnchen Salz
500 g Hensel-Tofu ungewürzt
50 g Vollkorngrieß
1 Päckchen Puddingpulver (Vanille)
1 Paket Backpulver
1/4 l Milch
500 g Äpfel
50 g Weinbeerchen
Paniermehl
Margarineflöckchen

Zubereitung

1. Die Vollkornnudeln nach Anweisung garen und kalt abspülen. Margarine schaumig rühren, dann Zucker, Vanillezucker, Eier, Zitronensaft, Zitronenschale, Salz und Tofu hinzugeben. Alles gut pürieren.
2. Grieß, Puddingpulver und Backpulver mischen und der Masse hinzugeben. Mit Milch schlankrühren. Die geschälten, entkernten, gewürfelten Äpfel mit den gewaschenen Weinbeerchen und den Nudeln unter die Masse heben.
3. Alles in eine gefettete Auflaufform geben. Mit Paniermehl und Margarineflöckchen belegen. Den Auflauf bei 180°C etwa 60 Minuten backen.

Nuß-Nudel-Auflauf

Zutaten

400 g Vollkornnudeln
250 g Hensel-Tofu ungewürzt
75 g Vitaquell-Margarine
1/8 l Milch
50 g Haselnußmus
2 Eigelb

Zubereitung

1. Nudeln nach Vorschrift garen, abtropfen lassen. Tofu, Margarine, Milch, Haselnußmus und Eigelbe gut verrühren und die Nudeln hinzugeben.
2. Die Masse in eine gefettete Form füllen. Bei 220°C etwa 45 Minuten backen.

Kalte Soßen und Salatdressings

Tofu eignet sich hervorragend als Grundlage für viele kalte Soßen und Dressings. Neben dem stark reduzierten Fettgehalt, den Sie durch die Zugabe von Distelöl selbst bestimmen, sind Tofusoßen frei von unerwünschten Begleitstoffen wie Cholesterin. Für die folgenden Soßen und Dressings, die das berühmte i-Tüpfelchen vieler Gerichte und sehr oft ein kleines Geheimnis der Hausfrau sind, sollte man Hensel-Tofu ungewürzt verarbeiten.
Die Soßen sind etwa sechs bis acht Tage haltbar, und sie lassen sich phantasievoll variieren. Senf, Kapern, Tomatenmark und verschiedene Essige, zum Beispiel Hensel-Obstessig oder Obstessig mit Honig und Molke, geben den Soßen immer wieder eine wohlschmeckende Vielfalt.

Dressing-Grundrezept I

Zutaten

1/4 l Soja-Drink ungesüßt
1/4 l Vitaquell-Distelöl
20 g Senf
5 g Paprikapulver
5 g Danga-Kräutersalz
Saft einer Zitrone

Zubereitung

1. Sojadrink, Distelöl und Gewürze mit dem Küchengerät gut verrühren.
2. Zitronensaft unter Rühren zugeben.

Das Dressing sollte cremig beschaffen sein. Es eignet sich zum Binden von Sättigungs- sowie auch Feinkostsalaten und ist für Rohkostsalate das i-Tüpfelchen. Wenn Sie es mit frischen Kräutern abschmecken, erhalten Sie eine sehr schmackhafte und attraktive Soße.

Dressing-Grundrezept II

Zutaten

200 g Tofu
50 g Distelöl
50 g Sojamilch
10 g Kräutersalz
Saft einer halben Zitrone

Zubereitung

Tofu im Mixer mit Distelöl und Sojamilch fein pürieren. Kräutersalz und Zitronensaft hinzugeben. Alles noch einmal sehr intensiv durchrühren. Die Grundsoße sollte eher cremig sein.

Hefe-Kräuter-Soße

Zutaten

200 g Hensel-Tofu ungewürzt
50 g Distelöl
50 g Sojamilch
25 g Hefeextrakt
einige Körnchen Vollmeersalz
50 g feingehackte Zwiebeln
1 Bund Schnittlauch
1 Bund Petersilie

Zubereitung

1. Tofu mit Distelöl, Sojamilch, Hefeextrakt und Vollmeersalz pürieren.
2. Zwiebeln, Schnittlauchröhrchen und gehackte Petersilie hinzugeben.

Als Dressing geeignet für Weißkrautsalat, Rosenkohlsalat, Paprikarohkost.

Ungarische Hirtensoße

Zutaten

200 g Hensel-Tofu ungewürzt
50 g Distelö
50 g Sojamilch
5 g Kräutersalz
Saft einer halben Zitrone
10 g Tomatenmark
5 g Paprikapulver
1 Knoblauchzehe
1 Paprikaschote
50 g feingehackte Zwiebeln
1 Bund Schnittlauch
pflanzliche Streuwürze nach Geschmack

Zubereitung

1. Tofu mit Distelöl, Sojamilch, Kräutersalz, Zitronensaft, Tomatenmark und Paprikapulver pürieren.
2. Knoblauchzehe zerdrücken, Paprikaschote halbieren, entkernen, fein würfeln. Zwiebeln pellen, fein hacken und alles unter die Tofumasse rühren.
3. Mit Schnittlauchröhrchen und eventuell pflanzlicher Streuwürze verrühren.

Diese Soße eignet sich zum Binden von kräftig-deftigen Salaten oder als Beilage zu gekochten Eiern, Rösti oder auch Folienkartoffeln.

Bahamasoße

Zutaten

200 g Hensel-Tofu ungewürzt
50 g Distelöl
50 g Sojamilch
5 g Vollmeersalz
1/8 l Maracujasaft
Saft einer halben Zitrone
1 Kiwi
5 g Meerrettich
1 Bund Dill
pflanzliche Streuwürze

Zubereitung

1. Tofu, Distelöl und Sojamilch pürieren. Vollmeersalz, Maracujasaft und Zitronensaft hinzufügen, nochmals verrühren.
2. Kiwi schälen, würfeln, dann mit Meerrettich und gehacktem Dill unter die Soße heben. Mit pflanzlicher Streuwürze pikant abschmecken.

Diese Soße eignet sich vorzüglich zum Binden von Nudel- oder Reissalaten.
Wenn Sie dieses Dressing für Rohkostsalate verwenden wollen, sollten Sie es mit Sojamilch etwas schlanker machen.

Hausfrauensoße

Zutaten

200 g Hensel-Tofu ungewürzt
50 g Distelöl
50 g Sojamilch
5 g Danga-Kräutersalz
Saft einer halben Zitrone
100 g Äpfel
100 g Gewürzgurken
100 g Zwiebeln
1 Bund Schnittlauch

Zubereitung

1. Tofu mit Distelöl, Sojamilch, Kräutersalz und Zitronensaft pürieren.
2. Äpfel schälen, entkernen und mit Gewürzgurken raffeln. Zwiebeln fein hacken, alles zur Soße geben. Gut durchrühren.
3. Mit Schnittlauchröhrchen bestreuen.

Diese Soße eignet sich zum Binden von Salaten (Kartoffelsalat) und ist eine herzhafte Beilage zu kalten Gerichten.

Kolsters Feinschmecker-Kartoffeldressing

Zutaten

250 g Kartoffeln
50 g Zwiebeln
50 g Vitaquell-Margarine
50 g Äpfel
1/16 l Hensel-Rosso-Essig
50 g Walnüsse
1 Bund Dill
einige Körnchen Vollmeersalz
200 g Hensel-Tofu ungewürzt
50 g Distelöl
50 g Sojamilch
5 g Kräutersalz

Zubereitung

1. Kartoffeln waschen, in der Schale kochen, pellen, pürieren. Zwiebeln in Margarine goldgelb anbraten und mit geschälten, geraffelten Äpfeln zum Kartoffelmus geben. Abschmecken mit Essig.
2. Walnüsse und Dill hacken, mit Vollmeersalz unter das Dressing rühren und geschmacklich abrunden.
3. Tofu mit Distelöl, Sojamilch und Kräutersalz pürieren. Kartoffeldressing und Tofumasse gut verrühren.

Apfeldicksaft rundet dieses raffiniert einfache, aber exquisite Dressing ab.
Die Soße eignet sich besonders für kräftige Salate wie Frisee-, Eskariol- oder Krautsalat.
Dieses Dressing sollten Sie nach Möglichkeit warm über die Salate geben und sofort servieren.

Rohkost

Ernährungsexperten empfehlen, einen Teil der täglichen Nahrung roh zu essen, denn der ganze Reichtum an Vitaminen, Mineralstoffen und Spurenelementen ist in Rohkost enthalten.

Neben diesen wertvollen Inhaltsstoffen kommt es aber in besonderem Maße auf die Ballaststoffe in der Rohkost an. Ballaststoffe sind unverdauliche Pflanzenfasern, die Darmträgheit und Verstopfung verhindern.

Ballaststoffreiches Essen erfordert stärkeres Kauen und trägt somit zur Zahnpflege bei. Außerdem bewirkt es eine längere Verweildauer des Speisebreies im Darm und damit einen längeren Sättigungseffekt.

Sie sollten stets nur markt- oder gartenfrische Produkte zu Rohkost verarbeiten.

Krautsalate können kurz blanchiert werden, damit sie für Kinder und ältere Menschen bekömmlicher sind.

Sparsam, um den Eigengeschmack der Rohkost zu erhalten, sollte man mit Salz, Zucker und Essig umgehen.

Wer Zwiebelstücke nicht mag, kann Zwiebeln auch gerieben an die Salate geben.

Im Sommer ist eine fruchtig-frische Obstsuppe mit Rohkost besonders bekömmlich.

Im Winter darf es etwas kräftiger sein: Pariser Markthallensalat mit einer Stulle, Linsen-Kräuter-Aufstrich, das sind Delikatessen.

Die Sättigungssalate, wie Nudel-, Reis- oder Apfel-Lauch-Salat, sind bereits eine Hauptmahlzeit. Lecker angerichtet, hübsch garniert mit einer Scheibe Toast oder Röstkartoffeln serviert, eignen sich die Salate besonders als Abendessen.

Zum Binden der Salate wird eine selbstgerührte Mayonnaise empfohlen, deren Fettgehalt Sie durch Joghurt, Dickmilch oder Tofudressing stark reduzieren können.

Bunter Gurkensalatteller mit Kresse

Zutaten

1/16 l Obstessig
1/8 l Wasser
5 g Kräutersalz
50 g lila Zwiebeln
1 Salatgurke
1 kleiner Kohlrabi
1 Paprikaschote
1 Stange Porree
1 kleine Dose Gemüsemais
50 g Distelöl
1 Schachtel Kresse

Zubereitung

1. Aus Obstessig, Wasser und Salz eine Salatsoße herstellen.
2. Zwiebeln pellen, in feine Ringe schneiden, in die Soße geben. Die Salatgurke waschen, streifig schälen, in die Soße hobeln. Kohlrabi schälen. Das zarte Grün hacken und mit dem geraspelten Kohlrabi in die Soße geben.
3. Paprikaschote waschen, entkernen, feinstreifig schneiden. Porree sorgfältig unter fließendem Wasser waschen, ebenfalls in Ringe schneiden und mit dem abgespülten Mais in die Salatsoße geben.
4. Alles gut durchmengen und gut durchziehen lassen. Öl über den Salat geben. Vor dem Servieren mit gewaschener Kresse bestreuen.

Gurken-Melonen-Nascherei auf Eisbergsalat

Zutaten

1 Salatgurke
1 kleine Honigmelone
Saft einer Zitrone
1 kleine Traube
1 Eisbergsalat
1 Becher Joghurt
einige Körnchen Salz und Zucker
1 Bund Dill

Zubereitung

1. Salatgurke waschen und streifig schälen. Mit einem Buntmesser in etwas dickere Scheiben schneiden. Melone halbieren, entkernen und das Fleisch mit einem Teelöffel herausstechen. Mit den Gurkenscheiben vermengen und mit Zitronensaft marinieren.
2. Trauben waschen, halbieren, Kerne entfernen. Eisbergsalat waschen, trockenschleudern, grob zerreißen. Das Melonen-Gurken-Gemisch darauf anrichten. Mit Trauben garnieren.
3. Joghurt mit Zitronensaft, einigen Körnchen Salz und Zucker verrühren. Über die Nascherei geben. Reichlich mit gehacktem Dill bestreuen.

Frisee-Champignon-Salat in Joghurt-Kräuter-Dressing

Zutaten

1 Kopf Friseesalat
250 g Champignons
100 g Möhren
250 g Erbsen, tiefgekühlt
1 Joghurt
1/16 l Obstessig
25 g Kräutersenf
Salz
viele frische gehackte Kräuter

Zubereitung

1. Vom Friseesalat den Strunk abschneiden, die Blätter ganz lassen und gründlich waschen. Gut abtropfen lassen oder trokkenschleudern.
2. Champignons waschen und in Scheiben schneiden. Möhren raspeln. Alles mit den unaufgetauten Erbsen mischen.
3. Aus Joghurt, Essig, Senf und einigen Körnchen Salz sowie den frischgehackten Kräutern eine schlanke Salatsoße herstellen. Kurz vor dem Servieren über den Salat geben.

Möhrenrohkost mit grünem Pfeffer auf Feldsalat

Zutaten

150 g Feldsalat
500 g Möhren
2 Stangen Lauch
150 g Weißkraut
Streuwürze
Kräutersalz
1 EL grüner Pfeffer
Kresse

Zubereitung

1. Feldsalat putzen, waschen und trockenschleudern. Möhren, Lauch und Weißkohl säubern und zerkleinern. Mit pflanzlicher Streuwürze und Kräutersalz abschmecken. Den grünen Pfeffer hinzugeben.
2. Den Feldsalat gefällig auf einen Salatteller anrichten, die Möhrenrohkost darübergeben. Reichlich mit Kresse bestreuen.

Hierzu paßt vorzüglich die Ungarische Hirtensoße (Rezept Seite 26).

Chicoréesalat mit Bananen in Käsedressing

Zutaten

500 g Chicorée
100 g Bananen
Saft einer halben Zitrone
pflanzliche Streuwürze
1/2 Becher Johgurt
50 g Mayonnaise
50 g Sauerrahm
2 g Currypulver
50 g Apfeldicksaft
Kräutersalz
1 Bund Dill
75 g Käsestreifen

Zubereitung

1. Chicorée halbieren, waschen, den bitteren Kern entfernen und in breite Ringe schneiden. Bananen in Scheiben schneiden. Vorsichtig mischen. Mit Zitronensaft und pflanzlicher Streuwürze marinieren.
2. Aus Joghurt, Mayonnaise, Sauerrahm, Currypulver, Apfeldicksaft, Streuwürze, Kräutersalz und gehacktem Dill eine Salatsoße herstellen. Käsestreifen hineingeben und den Salat damit binden.

Petersilien-Apfel-Rohkost auf Feldsalat

Zutaten

750 g Petersilienwurzeln
2 saure Äpfel
1 Becher Crème fraîche
1 Becher Joghurt
Saft einer Zitrone
einige Körnchen Salz und Zucker
pflanzliche Streuwürze
150 g Feldsalat
Petersilie zum Garnieren

Zubereitung

1. Die Petersilienwurzeln unter fließendem Wasser mit einer Bürste gründlich reinigen. Äpfel schälen und entkernen.
2. Crème fraîche und Joghurt verrühren, Petersilienwurzeln und Äpfel hineinreiben. Abschmecken mit Zitronensaft, einigen Körnchen Salz und Zucker sowie pflanzlicher Streuwürze.
3. Die Rohkost auf geputztem, gewaschenem, trockengeschleudertem Feldsalat anrichten. Mit Petersilie garnieren.

Pariser Markthallensalat

Zutaten

500 g Weißkohl
200 g Sellerieraspeln
50 g Zwiebeln
1/16 l Obstessig mit Honig und Molke
25 g Kräutersenf
1 Knoblauchzehe
einige Körnchen Salz
1 Becher Crème fraîche
1 Schachtel Kresse

Zubereitung

1. Weißkohl putzen, vierteln, den Strunk herausschneiden und den Kohl hobeln. Sellerie unter fließendem Wasser mit einer Bürste säubern, dünn schälen, raspeln. Die Raspel mit den feingeschnittenen Zwiebeln unter den Kohl mengen.
2. Essig mit Senf verrühren, mit der ausgepreßten Knoblauchzehe und Salz zum Salat geben. Nochmals gut vermengen. Den Salat etwa 2 Stunden ziehen lassen.
3. Auf 4 Tellern anrichten. Kurz vor dem Servieren jedes Schälchen mit Crème fraîche und gewaschener Kresse garnieren.

Wer den Salat lieblicher mag, kann einige Körnchen Zucker hinzugeben.

Melonenschleckerei

Zutaten

1/2 Becher Kefir
50 g Mayonnaise
50 g Magerquark
1/8 l Grapefruitsaft
10 g grüner Pfeffer
1 Bund Dill
Saft einer Zitrone
einige Spritzer Sojasoße
1 Honigmelone
einige Körnchen Salz
1 Eisbergsalat

Zubereitung

1. Kefir, Mayonnaise, Magerquark mit Grapefruitsaft schlankrühren. Grünen Pfeffer, feingehackten Dill, Zitronensaft und Sojasoße hinzugeben.
2. Honigmelone halbieren und entkernen. Fruchtfleisch mit dem Teelöffel herausstechen und in die Soße geben. Mit einigen Körnchen Salz abschmecken.
3. Eisbergsalat waschen, trockenschleudern und grob zerreißen. Die Melonenmasse auf dem Salat anrichten und reichlich mit frischgehacktem Dill bestreuen.

Gurken-Kiwi-Salat in Dillsoße

Zutaten

2 mittelgroße Salatgurken
2 Kiwis
40 g Hensel-Obstessig
40 g Distelöl oder 50 g Crème fraîche
einige Körnchen Vollmeersalz
und Zucker
2 Bund Dill

Zubereitung

1. Die Gurken waschen, schälen, in nicht zu dünne Scheiben schneiden. Mit dem Obstessig anmachen, Distelöl oder Crème fraîche, einige Körnchen Vollmeersalz und Zucker zugeben.
2. Die Kiwis schälen und würfeln und unter den Gurkensalat geben. Mit dem Dill abschmecken.

Tofu-Kräuter-Topf Kolster ▷
(Rezept Seite 41)

Delikateßsalate

Tofusalat auf schwedische Art

Zutaten

250 g Hensel-Tofu ungewürzt
3 saure Äpfel
3 Gewürzgurken
1 kleine Dose rote Bete
150 g feingehackte Zwiebeln
100 g Mayonnaise
1 Becher Joghurt
einige Körnchen Salz und Zucker
Saft einer halben Zitrone
1 Schachtel Kresse

Zubereitung

1. Tofu, Äpfel, Gewürzgurken und rote Bete würfeln. Mit gehackten Zwiebeln mischen.
2. Mayonnaise mit Joghurt verrühren und mit Salz, Zucker und Zitronensaft abschmecken. Den Salat mit der Soße binden und mit reichlich frischer Kresse bestreuen.

Topinambursalat

Zutaten

1000 g Topinambur
Saft einer Zitrone
einige Körnchen Salz
1 Salzgurke
1 Becher Crème fraîche
1 Becher Joghurt
10 g pflanzliche Streuwürze
1 Schachtel Kresse

Zubereitung

1. Topinambur waschen, nicht zu weich kochen, da er leicht zerfällt. Pellen und in etwas dickere Scheiben schneiden.
2. Topinambur mit Zitronensaft und Salz marinieren, damit er wieder weiß wird.
3. Salzgurke würfeln und vorsichtig unter die Topinamburscheiben mischen.
4. Aus Crème fraîche, Joghurt und Streuwürze ein Dressing herstellen, über den Salat geben und reichlich mit Kresse garnieren.

Dieser Salat eignet sich hervorragend als Sättigungsbeilage zu pflanzlichen Bratlingen und ist hervorragend für Diabetiker geeignet.

◁ *Tofusalat auf schwedische Art*
(Rezept oben)

Chicorée-Tofu-Salat

Zutaten

500 g Chicorée
Saft einer halben Zitrone
1 kleine Dose Birnen
250 g Hensel-Tofu ungewürzt
50 g Rosinen
100 g Magerjoghurt
100 g Crème fraîche
1 EL Mandelmus
pflanzliche Streuwürze
1 Bund Dill

Zubereitung

1. Chicorée halbieren (den bitteren Kern entfernen) und in breite Streifen schneiden. Mit Zitronensaft marinieren. Die abgetropften Birnen und den Tofu würfeln, mit dem Chicorée mischen. Die gewaschenen Rosinen ebenfalls zum Salat geben.
2. Aus Joghurt, Crème fraîche und Mandelmus eine Salatsoße herstellen und mit pflanzlicher Streuwürze und gehacktem Dill abschmecken. Mit dieser Soße den Salat binden.

Apfel-Lauch-Salat

Zutaten

400 g Hensel-Tofu ungewürzt
200 g Äpfel
Saft einer halben Zitrone
200 g Lauch
20 g Apfeldicksaft
pflanzliche Streuwürze
einige Körnchen Salz
100 g Mayonnaise
Dill

Zubereitung

1. Tofu fein würfeln. Äpfel schälen, entkernen und in feine Würfel schneiden. Das Ganze mischen. Leicht mit Zitronensaft marinieren, damit die Äpfel nicht braun werden.
2. Lauch in der Mitte aufschneiden und gründlich waschen, in feine Ringe schneiden. Tofu, Äpfel und Lauch mischen. Abschmecken mit Apfeldicksaft, pflanzlicher Streuwürze und einigen Körnchen Salz. Mit Mayonnaise binden.
3. Den Salat kühl stellen. Er sollte 2 bis 3 Stunden durchziehen. Vor dem Servieren mit reichlich gehacktem Dill bestreuen.

Creolischer Salat

Zutaten

250 g Hensel-Tofu ungewürzt
1 kleine Dose Mandarinen
1 kleine Dose Bambussprossen
1 kleine Dose Champignons
100 g tiefgekühlte Erbsen
20 g Rosso-Essig
10 g Sojasoße
50 g Distelöl
1 Knoblauchzehe
einige Körnchen Kräutersalz
Dill

Zubereitung

1. Tofu würfeln. Mandarinen und Bambussprossen auf ein Sieb geben und abtropfen lassen. Mit Champignons und aufgetauten Erbsen mischen.
2. Knoblauchzehe ausdrücken, mit Kräuteressig, Sojasoße, Öl und Kräutersalz zusammenrühren. Diese Soße unter den Salat heben.
3. Alles gut mischen, durchziehen lassen und mit frisch gehacktem Dill bestreuen.

Eiersalat

Zutaten

250 g Hensel-Tofu ungewürzt
4 Eier
1 kleine Dose Spargel
1 kleine Dose Champignons
150 g Mayonnaise
1 Becher Joghurt
einige Körnchen Salz
einige Spritzer Sojasoße

Zubereitung

1. Tofu in dünne Streifen schneiden. Eier hart kochen, pellen, mit dem Eischneider in Scheiben schneiden. Spargel und Champignons auf ein Sieb geben und abtropfen lassen.
2. Mayonnaise mit Joghurt verrühren und die übrigen Zutaten damit binden. Mit Salz und Sojasoße abschmecken.

Kräuter-Nudel-Salat

Zutaten

250 g Vollkornnudeln
250 g Hensel-Tofu ungewürzt
1 Glas gefüllte Oliven
1 Röhrchen Kapern
5 Stangen Porree
125 g Senfgurken
1 Schachtel Kresse
1 Bund Schnittlauch
1 Bund Petersilie
1 Bund Dill
5 g Kräutersalz
50 g Distelöl

Zubereitung

1. Nudeln nach Anweisung garen und kalt abspülen. Tofu würfeln. Oliven abgießen, in Scheiben schneiden, mit dem Tofu und den Kapern zu den Nudeln geben. Alles gut durchmischen.
2. Porree in feine Ringe schneiden. Gründlich waschen. Senfgurken fein würfeln. Kresse, Schnittlauch, Petersilie und Dill hakken und mit Porree und Senfgurken unter die Nudeln heben. Abschmecken mit Kräutersalz und mit Distelöl vollenden.

Farmersalat

Zutaten

250 g frische Möhren
1 Stange Porree
1 Dose Kidneybohnen
1 Dose Mais
2 grüne Paprikaschoten
250 g Hensel-Tofu ungewürzt
50 g Obstessig mit Honig und Molke
25 g Kräutersenf
50 g Distelöl
einige Körnchen pflanzliche Streuwürze
und Kräutersalz
2 Bund Schnittlauch

Zubereitung

1. Möhren waschen, raspeln und mit Essig marinieren. Porree in feine Streifen schneiden und gründlich waschen. Kidneybohnen und Mais abspülen. Paprikaschoten waschen, entkernen und in Würfel schneiden. Den Tofu ebenfalls würfeln. Alles gut miteinander vermengen.
2. Eine Marinade aus Essig, Senf und Öl herstellen, mit pflanzlicher Streuwürze sowie Kräutersalz abschmecken und unter den Salat mischen. Mit Schnittlauchröhrchen bestreuen.

Zwei Tofuspezialitäten

Hier sollen zwei kalte Spezialitäten aus der Tofuküche besonders empfohlen werden. Der Tofu-Kräuter-Topf und der schwedische Tofutopf sind außergewöhnliche Mitbringsel für eine Einladung, gewissermaßen ein alternativer Blumenstrauß.

Tofu-Kräuter-Topf Kolster

Zutaten

500 g Kartoffeln
1 Paprikaschote
250 g Schalotten
250 g frische Champignons
250 g Hensel-Tofu ungewürzt
2 Stengel Dill
5 Stengel Schnittlauch
3 Lorbeerblätter
1 Zehe Knoblauch
1/4 l Distelöl
5 g Paprikapulver
5 g Kräutersalz

Zubereitung

1. Kartoffeln waschen und garen, pellen, dann – wie alle anderen Zutaten auch – daumennagelgroß würfeln. Paprikaschote halbieren, entkernen und würfeln. Schalotten pellen und eventuell halbieren. Champignons waschen und in Viertel schneiden. Tofu würfeln. Alle Zutaten mischen und in ein großes Glas geben.
2. Dill und Schnittlauch zwischen die Zutaten stecken, obenauf die Lorbeerblätter und die Knoblauchzehe legen. Distelöl mit Paprikapulver und Kräutersalz verrühren. Dieses Würzöl über die Tofumischung geben.
3. Das Glas abdecken, kühl und dunkel etwa 3 Tage stehen lassen.

Garniervorschlag: Die abgetropfte Tofu-Kräuter-Mischung auf kaltem Tomatenvollreis anrichten. Mit Zwiebelringen und Petersiliensträußchen garnieren.
(Foto Seite 35)

Schwedischer Tofutopf

Zutaten

500 g rote Bete
250 g Kartoffeln
200 g Äpfel
2 Stangen Porree
250 g Hensel-Tofu ungewürzt
2 Bund Dill
1/4 l Distelöl
50 g Obstessig mit Honig und Molke
5 g Kräutersalz
25 g Zucker
Eisbergsalat
100 g Zwiebeln
eingelegter Kürbis

Zubereitung

1. Rote Bete waschen und kochen, noch warm pellen. Mit einem Ausstecher runde Kügelchen herauslösen.
2. Kartoffeln waschen, kochen und pellen. In daumengroße Würfel schneiden. Äpfel dünn schälen, von den Kerngehäusen befreien und in dünne Spalten schneiden.
3. Porree putzen, waschen und in dicke Ringe schneiden. Alles mit gewürfeltem Tofu und gehacktem Dill mischen. Die Mischung in ein hohes Gefäß geben.
4. Distelöl mit Obstessig, Kräutersalz und Zucker verrühren und in den Tofutopf gießen. Das Glas zum Durchziehen etwa 3 Tage lang kühl und dunkel stehenlassen.

Serviervorschlag: Die Tofumischung auf Eisbergsalatstreifen, garniert mit Apfel- und Zwiebelringen und eingelegtem Kürbis, anrichten. Mit reichlich frischgehacktem Dill bestreuen.

Köstliche warme Soßen

Grundsoße aus Sojadrink

Zutaten

3/4 l Sojadrink
Danga-Vollmeersalz
Muskat
pflanzliche Streuwürze
40 g Mehl
1/8 l Sojadrink
Meerrettich, Kapern, Senf
und frische Kräuter nach Geschmack

Zubereitung

1. 3/4 l Sojadrink mit einigen Körnchen Salz, Muskat und Streuwürze zum Kochen bringen.
2. Mehl in 1/8 l Sojadrink anrühren und die Soße damit binden. Die Soße aufkochen lassen.
3. Mit Meerrettich, Kapern, Senf und frischen Kräutern können Sie verschiedene Geschmacksrichtungen zaubern.

Wenn Sie Vitaquell-Margarineflöckchen auf die Soße geben, verhindern Sie damit nicht nur, daß eine Haut entsteht, sondern Sie erhalten auch die wertvollen Fettsäuren, die in der Pflanzenmargarine vorhanden sind und die bei Omas Mehlschwitze total verlorengehen würden.

Soßenbasis

Zutaten

Gemüsebrühe oder Kartoffelwasser
1 Bund Suppengrün
1 EL Vitaquell-Margarine
1 mittelgroße Zwiebel
50 g Tomatenmark
1 Lorbeerblatt
Wacholderbeeren
5 g Hefeflocken

Zubereitung

1. Gemüsebrühe oder Kartoffelwasser aufkochen.
2. Suppengrün putzen, in Würfel schneiden, mit Margarine und gewürfelter Zwiebel mit Pelle anrösten. Tomatenmark hinzugeben. Alles nochmals kräftig durchschwitzen.
3. Mit etwa 1/2 l Gemüsebrühe auffüllen. Die Brühe einkochen und wiederum auffüllen. Diesen Vorgang 2- bis 3mal wiederholen.
4. Lorbeerblatt und Wacholderbeeren hinzugeben. Dann das Ganze bis auf 1/3 seiner Menge einkochen. Mit Hefeflocken abschmecken. Auskühlen lassen.

Diese Soßengrundlage sollte leicht gelieren. In ein Glas mit Schraubverschluß füllen und im Kühlschrank aufbewahren. Durch Hinzufügen oder Weglassen von Kräutern und Gewürzen – es bieten sich ja auch hervorragende Trockengewürze als Geschmacksgeber an – kann man immer wieder neue Soßenvariationen und Geschmacksrichtungen erzielen.

Es werden im neuform-reformhaus auch schon hervorragende Fertigsoßen angeboten. Diese Soßen sollten aber nur dem Notfall vorbehalten bleiben.
Bitte beachten Sie auch, daß Soßen ein Gericht nur begleiten und nicht die Speise ertränken sollen.
Bei Nudel- oder Reisgerichten, bei denen die Soße, wie auch immer sie beschaffen sein mag, als Hauptbestandteil gilt, muß natürlich etwas mehr gegeben werden.

Braune Soße provençal

Zutaten

1 Paket Suppengrün (tiefgekühlt)
50 g Vitaquell-Margarine
4 EL Soßenbasis
1/8 l roter Traubensaft
Speisestärke
1 g Kräuter der Provence
1 Knoblauchzehe
Kräutersalz
5 g Hefeflocken

Zubereitung

1. Suppengrün in Margarine kernig gar dünsten. Mit Soßenbasis und Traubensaft auffüllen und zum Kochen bringen. Leicht mit Speisestärke binden.
2. Abschmecken mit den Kräutern der Provence, dem Saft der Knoblauchzehe und einigen Körnchen Kräutersalz.

Hefeflocken geben der Soße einen deftig-kräftigen Charakter.

Rahmsoße Csárdás

Zutaten

1 rote Paprikaschote
1 grüne Paprikaschote
50 g feingehackte Zwiebeln
100 g geraspelte Möhren
100 g geraspelter Sellerie
50 g Olivenöl
5 g Paprikapulver
2 EL Soßenbasis
Speisestärke
Kräutersalz
1 Becher Sauerrahm
Schnittlauchröhrchen

Zubereitung

1. Paprikaschoten waschen, entkernen und in feine Streifen schneiden. Mit Zwiebeln, Möhren- und Sellerieraspeln in Olivenöl kernig dünsten. Mit Paprikapulver pudern und mit Soßenbasis auffüllen.
2. Alles zum Kochen bringen. Leicht mit Speisestärke binden und mit Kräutersalz abschmecken. Vollenden mit Sauerrahm und Schnittlauchröhrchen.

Braune Orangensoße

Zutaten

4 EL Soßenbasis
1/8 l roter Traubensaft
Saft von 1 Orange
1 TL ungespritzte Orangenschale
Speisestärke
Zitronensaft

Zubereitung

1. Soßenbasis mit Trauben- und Orangensaft auffüllen. Zum Kochen bringen.
2. Die Orangenschale in feine Streifen schneiden. Nur das Rote der Schale verwenden, das Weiße enthält die Bitterstoffe. Leicht mit Speisestärke binden.
3. Aufkochen und mit einigen Spritzern Zitronensaft abschmecken.

Berner Rahmsoße

Zutaten

2 milchsaure Gurken
50 g feingehackte Zwiebeln
50 g Vitaquell-Margarine
25 g Kräutersenf
4 EL Soßenbasis
1/8 l weißer Traubensaft
50 g Streichkäse
Kräutersalz
1/2 Becher Süßrahm
Dill

Zubereitung

1. Gurken schälen, halbieren, entkernen, in feine Streifen schneiden und mit feingehackten Zwiebeln in Margarine glasig anschwitzen. Kräutersenf hinzugeben. Alles nochmals durchschwitzen.
2. Mit Soßenbasis und Traubensaft auffüllen. Streichkäse einrühren.
3. Abschmecken mit einigen Körnchen Kräutersalz. Vollenden mit Süßrahm und gehacktem Dill.

Braune Rahmsoße

Zutaten

4 EL Soßenbasis
1/8 l roter Traubensaft
Speisestärke
1 Becher Crème fraîche
Kräutersalz
pflanzliche Streuwürze
evtl. Kapern

Zubereitung

1. Soßenbasis mit Traubensaft auffüllen. Zum Kochen bringen, leicht mit Speisestärke binden und nochmals aufkochen.
2. Mit Crème fraîche vollenden. Abschmekken mit einigen Körnchen Kräutersalz und pflanzlicher Streuwürze.

Ein Röhrchen Kapern gibt dieser Soße eine eigenwillige Note.

Tips für weiße Soßen

Für weiße Soßen sollte man immer den Fond oder die Brühe nehmen, in der das jeweilige Essen, beispielsweise Klopse oder Blumenkohl, gegart worden ist. Es empfiehlt sich, auf 1/2 l Flüssigkeit etwa 30 g Mehl mit 1/8 l Sojamilch oder Kuhmilch zu verrühren, um damit die Soße zu binden. Diese so gebundene Brühe sollte noch 2 bis 3 Minuten kochen, damit der Mehlgeschmack herauskocht.
Danach kann man die Brühe vom Feuer nehmen und einige Vitaquell-Flöckchen aufsetzen. Durch diese neue Art der Soßenzubereitung wird die Mehlschwitze vermieden, die heutzutage ernährungsphysiologisch nicht mehr zu vertreten ist.
Die Margarineflöckchen verhindern, daß die Soße eine Haut bekommt, außerdem bleiben die wertvollen pflanzlichen Fettsäuren, die Omas Mehlschwitze weitgehend zerstört, erhalten.
Bei den weißen Soßen gibt es ebenfalls vielfältige Variationsmöglichkeiten mit Kräutern, Meerrettich, Senf und Kapern. Das Vollenden mit Rahm und Eigelb hebt sicherlich den Geschmack der Soße, man sollte aber auch immer bedenken, daß Rahm und Eigelb sehr viele Kalorien haben.

Spreewälder Gurkensoße

Zutaten

100 g feingehackte Zwiebeln
1 Salzgurke
50 g Vitaquell-Margarine
1 frische Salatgurke
3/4 l Gemüsebrühe
50 g Mehl
1/8 l Milch
25 g Obstessig
einige Körnchen Salz
Zucker
1 Bund Dill

Zubereitung

Zwiebeln und gewürfelte Salzgurke in Margarine anschwitzen. Gurke schälen, der Länge nach aufschneiden und die Gurkenkerne entfernen. Die Gurke in Scheiben schneiden und mit anschwitzen. Mit Gemüsebrühe auffüllen.

2. Die Soße zum Kochen bringen. Mehl mit Milch anrühren und alles damit besser binden. Noch einmal gut aufkochen lassen.

3. Abschmecken mit Obstessig, Salz und Zucker. Kurz vor dem Servieren frisch gehackten Dill untergeben.

Geschmacksvariationen sind möglich durch Hinzufügen von Kräutersenf, Kapern oder Meerrettich.

Polnische Soße

Zutaten

75 g Vitaquell-Margarine
50 g gehackte Zwiebeln
3/4 l Gemüsebrühe
50 g Mehl
1/8 l Wasser
50 g Lebkuchen
Saft einer halben Zitrone
5 g Kräutersalz
5 g Hefeflocken
50 g abgezogene Mandeln
50 g Sultaninen

Zubereitung

1. Zwiebeln in Margarine hellbraun anrösten. Mit Gemüsebrühe auffüllen.

2. Mehl in Wasser anrühren und die Brühe damit binden. Aufkochen lassen und vom Feuer nehmen.

3. Lebkuchen in etwas kaltem Wasser einweichen und in die gebundene Soße geben. Unter vorsichtigem Rühren das Ganze noch etwa 5 Minuten durchkochen lassen, damit sich der Geschmack besser entfaltet.

4. Die Soße vom Herd nehmen und mit Zitronensaft, Kräutersalz und Hefeflocken abschmecken. Mandeln und gewaschene, eingeweichte Sultaninen hinzugeben. Die Soße dann nochmals vorsichtig aufkochen.

Hauptgerichte

Kochklopse oder Rötlinge, Tofu nach rheinischer Art, leckere weiße oder braune Ragouts, Kohlrouladen oder pikant gefüllte Paprikaschoten und vieles mehr läßt sich aus Tofu herstellen.

Die Gerichte aus Tofu protzen mit viel pflanzlichem Eiweiß und geizen mit Fetten, die zudem noch rein pflanzlich sind.

Dies alles steckt in Tofu und noch viel mehr, aber kein Cholesterin und wenig Kohlenhydrate.

Sojabohnenprodukte schützen die Leber vor Vergiftungen und helfen, Verkalkungen und Herzinfarkte zu mindern.

Auch Allergieforscher empfehlen, verstärkt Tofu und Sojamilch zu konsumieren. Israelische Forscher haben in der Sojabohne einen Wirkstoff entdeckt, der möglicherweise Viruserkrankungen verhüten kann. Alle diese Gründe, die keinen Anspruch auf Vollständigkeit erheben, machen Tofu für den täglichen Speiseplan fast unentbehrlich. Mit Tofu als Grundlage bietet sich für Hausfrau und Hausmann eine nahezu endlose Reihe von machbaren Rezepten.

Mit Tofu zaubern erfordert aber Kreativität und vor allem den Mut, einmal etwas Neues zu wagen.

Die folgenden Rezepturen sind nicht als Rezeptdiktat zu verstehen, sondern sollen nur anregen und die Grundlage für neue, eigene Rezepte sein. Wenn nicht anders angegeben, ist jedes Rezept für 4 Personen.

Tofuscheiben mit Curry

Zutaten

500 g Hensel-Tofu gewürzt
5 g Curry
75 g g Vitaquell-Margarine
400 g Zwiebelringe
2 saure Äpfel
2 Becher Süßrahm
2 Becher Joghurt
einige Körnchen Salz und Zucker

Zubereitung

1. Tofu in dünne Scheiben schneiden und mit Curry würzen. In Margarine goldgelb braten.
2. Zwiebeln und geschälte, entkernte Apfelringe im Bratensud durchschwitzen. Ablöschen mit Süßrahm und Joghurt. Eventuell mit einigen Körnchen Salz abschmecken. Die Soße aufkochen und über die Tofuscheiben geben.

Gebratener Tofu in Würzpanade

– Grundrezept –

Zutaten

400 g Hensel-Tofu ungewürzt
20 g Kräutersalz
1 Strich Muskat
5 g Paprika
10 g pflanzliche Streuwürze
100 g Paniermehl
2 Eier
50 g Cornflakes
20 g Kokosraspeln
20 g Sesamsaat
Mehl
50 g Vitaquell-Margarine zum Braten

Zubereitung

1. Tofu in 8 Scheiben schneiden. Kräutersalz, Muskat, Paprika und Streuwürze mischen, den Tofu damit würzen. Er schmeckt herzhafter, wenn er bereits am Vorabend gewürzt wird.
2. Tofuscheiben in Mehl wälzen, durch Ei ziehen und im Paniermehl, dem Cornflakes, Kokosraspeln und Sesamsaat untergemischt wurden, panieren. In Margarine von beiden Seiten goldgelb braten.

Tofu, nach diesem Grundrezept zubereitet, ist die Grundlage für viele schmackhafte Gerichte. Warm, mit raffinierten Soßen, zu Gemüsen, Reis, Nudeln oder Kartoffeln. Kalt, mit einem Dressing, zu Salaten oder Röstkartoffeln. Oder einfach als Belag für eine kräftig-deftige Stulle.

Tofuscheiben im Sesam-Käse-Mantel

Zutaten

500 g Hensel-Tofu ungewürzt
20 g Kräutersalz
40 g Mehl
2 Eier
75 g Graham-Paniermehl
100 g Parmesankäse
10 g ungeschälte Sesamsaat
50 g Vitaquell-Margarine
1 ungespritze Zitrone

Zubereitung

1. Tofu in dünne Scheiben schneiden und mit Kräutersalz würzen. Die Scheiben durch das Mehl und die verquirlten Eier ziehen. Paniermehl mit Käse und Sesam mischen und die Tofuscheiben darin wenden.
2. Die panierten Scheiben von beiden Seiten in Margarine goldgelb braten. Mit Zitronenachteln garnieren.

Tofu in Eihülle mit Rosenkohl

Zutaten

500 g Hensel-Tofu ungewürzt
10 g Kräutersalz
1 Strich Muskat
5 g pflanzliche Streuwürze
750 g Rosenkohl
500 g Kartoffeln
2 Eier
Mehl
50 g Vitaquell-Margarine

Zubereitung

1. Tofu in Scheiben schneiden. Kräutersalz, Muskat und Streuwürze mischen und den Tofu damit würzen.

2. Den geputzten, gewaschenen Rosenkohl in leicht gesalzenem Wasser etwa 10 Minuten kernig garen. Kartoffeln waschen, kochen und pellen.

3. Eier verquirlen. Tofu durch Mehl und Ei ziehen, in Margarine goldgelb braten. Pellkartoffeln und Rosenkohl zum gebratenen Tofu geben.

Tofuscheiben mit Mixed Pickles

Zutaten

500 g Tofu
2 Zwiebeln
1 kleines Glas Mixed Pickles
25 g Kapern
250 g Champignons
50 g Vitaquell-Margarine
2 g Rosenpaprika
1/8 l Gemüsebrühe
25 g Ahornsirup
Speisestärke
1/2 Becher Süßrahm
10 g Kräutersalz

Zubereitung

1. Tofu in dünne Scheiben schneiden und mit Streuwürze marinieren. Zwiebeln schälen und ebenfalls in ziemlich dünne Scheiben schneiden.

2. Mixed Pickles auf ein Sieb geben, abtropfen lassen. Kapern und geputzte und gewaschene Champignons fein hacken.

3. Zwiebeln, Mixed Pickles, Kapern und Champignons in Margarine anrösten, mit Paprikapulver pudern. Ablöschen mit Gemüsebrühe. Ahornsirup hinzugeben und alles aufkochen.

4. Speisestärke mit Süßrahm verrühren, die Soße damit binden und mit Kräutersalz abschmecken.

5. Tofuscheiben in Margarine braten und warm stellen. Die Soße über die gebratenen Tofuscheiben geben.

Frankfurter Einspänner

Zutaten

250 g Hensel-Tofu gewürzt
800 g frische Karotten
750 g Kartoffeln
1/8 bis 1/4 l Milch
10 g Salz
1 Strich Muskat
etwas Mehl
100 g Vitaquell-Margarine
10 g pflanzliche Streuwürze
2 Bund Petersilie

Zubereitung

1. Tofu in dünne Scheiben schneiden. Karotten waschen und putzen. In leicht gesalzenem Wasser garen.
2. Kartoffeln gründlich waschen und mit Schale kochen. Pellen und pürieren. Margarine und Milch hinzugeben (die Menge der Milch richtet sich nach der gewünschten Beschaffenheit des Pürees).
3. Mit Salz und Muskat abschmecken, Tofuscheiben in Mehl wenden und braten, warm stellen.
4. Die gegarten Karotten mit einem Buntmesser in Scheiben schneiden und in Margarine schwenken. Mit Salz und Streuwürze abschmecken.
5. Püree und Karotten gefällig auf einem Teller anrichten. Die gebratenen Tofuscheiben dazugeben. Reichlich mit gehackter Petersilie bestreuen.

Tofuscheiben auf flämische Art

Zutaten

500 g Hensel-Tofu ungewürzt
20 g Kräutersalz
2 große Zwiebeln
2 große Äpfel
1 g Majoran
1 g Thymian
50 g Vitaquell-Margarine
einige Körnchen Salz
1/8 l Gemüsebrühe
1 Becher saurer Rahm

Zubereitung

1. Tofu in dünne Scheiben schneiden. Mit Kräutersalz würzen.
2. Zwiebeln pellen und fein hacken. Äpfel schälen, entkernen und in feine Würfel schneiden. Äpfel und Zwiebeln mit Majoran und Thymian mischen und in Margarine kräftig anbraten. Eventuell mit Salz abschmecken.
3. Die Tofuscheiben zu den Zwiebeln und Äpfeln geben, alles kräftig durchschmoren lassen.
4. Mit Gemüsebrühe ablöschen und bei geschlossenem Deckel etwa 5 Minuten leise köcheln lassen. Die Tofuscheiben herausnehmen. Das Geschmorte mit Sauerrahm verrühren und eventuell nachwürzen. Die Soße recht heiß über die Tofuscheiben geben.

Tofu auf italienische Art

Zutaten

500 g Hensel-Tofu ungewürzt
2 Lorbeerblätter
1 g Rosmarin
1 g Basilikum
25 g scharfer Senf
1 Knoblauchzehe
50 g Olivenöl
4 große Tomaten
250 g frische Champignons
1/8 l weißer Traubensaft
100 g Parmesankäse
25 g Pistazienkerne

Zubereitung

1. Tofu in dünne Scheiben schneiden. Die zerriebenen Lorbeerblätter mit Rosmarin, Basilikum, Senf, zerdrückter Knoblauchzehe und Olivenöl verrühren. Die Tofuscheiben damit einstreichen und etwa 1/2 Stunde ziehen lassen.
2. Tomaten abziehen und vierteln. Champignons putzen, waschen und in Scheiben schneiden.
3. Die marinierten Tofuscheiben auf beiden Seiten goldgelb anbraten. Herausnehmen und warm stellen. Traubensaft in die Pfanne gießen und den Bratensud loskochen. Eventuell mit einigen Körnchen Kräutersalz nachwürzen.
4. Tomaten und Champignons ebenfalls in die Pfanne geben und gut durchschmoren. Die Soße auf die Tofuscheiben geben, mit Parmesankäse und Pistazien bestreuen.

Tofustreifen in Chinasoße

Zutaten

500 g Hensel-Tofu gewürzt
1 Dose Mischpilze
100 g feingehackte Zwiebeln
50 g Pflanzenöl
2 Stangen Lauch
25 g Ahornsirup
50 g Obstessig mit Honig und Molke
1 Dose Bambussprossen
1 l Gemüsebrühe
20 g pflanzliche Streuwürze
einige Spritzer Sojasoße
40 g Speisestärke
1/8 l Wasser
400 g Hensel-6-Korn-Vollkornnudeln

Zubereitung

1. Tofu würfeln und mit abgespülten Mischpilzen und Zwiebeln in Öl anschwitzen. Den gewaschenen, in breite Ringe geschnittenen Lauch, Ahornsirup und Obstessig hinzugeben.
2. Bambussprossen auf ein Sieb geben und abspülen. In dünne Scheiben schneiden, zum Tofu geben, mit Gemüsebrühe auffüllen und zum Kochen bringen. Mit pflanzlicher Streuwürze und Sojasoße abschmekken. Speisestärke mit Wasser anrühren, die Soße damit binden. Alles noch einmal aufkochen lassen.
3. Nudeln nach Vorschrift garen. Die Tofustreifen über die Nudeln geben.

Tofu auf italienische Art ▷
(Rezept links oben)

Blitzgulasch nach Feinschmeckerart

Zutaten

500 g Hensel-Tofu gewürzt
1 rote, 1 grüne, 1 gelbe Paprikaschote
4 Tomaten
250 g Champignons aus der Dose
50 g Vitaquell-Pflanzenöl
100 g Zwiebeln
10 g Kräutersalz
5 g Rosenpaprika
150 g Crème fraîche
5 g Hefeflocken

Zubereitung

1. Tofu würfeln. Paprikaschoten waschen, entkernen (Scheidewände entfernen, denn sie enthalten die Bitterstoffe) und in Streifen schneiden. Tomaten vierteln, Champignons halbieren.
2. Öl in der Pfanne erhitzen und den gewürfelten Tofu dazugeben. Kräftig anbraten. Zwiebeln, Paprikaschoten, Tomaten und Champignons dazugeben. Mit Salz und Rosenpaprika würzen. Alles durchschwenken.
3. Das Gemüse etwa 10 Minuten bei reduzierter Energiezufuhr leise köcheln lassen; es sollte noch kernig sein. Mit Crème fraîche ablöschen und mit Hefeflocken bestreuen.

◁ *Ungarische Hirtenspieße*
(Rezept Seite 64)

Tofuscheiben mit ungarischem Gemüse

Zutaten

500 g Hensel-Tofu ungewürzt
20 g Kräutersalz
250 g Zwiebelringe
200 g geraspelte Möhren
200 g geraspelter Sellerie
200 g Porreestreifen
100 g Vitaquell-Margarine
(50 g zum Braten, 50 g für das Gemüse)
1 Röhrchen Kapern
1/4 l Gemüsebrühe
2 g Kümmel
abgeriebene Schale von 1 ungespritzten Zitrone
1 Knoblauchzehe
einige Körnchen Salz
einige Spritzer Zitronensaft
1/8 l Sauerrahm
2 Bund Petersilie
2 Bund Schnittlauch

Zubereitung

1. Tofu in dünne Scheiben schneiden und mit Kräutersalz würzen.
2. Zwiebeln, Möhren, Sellerie und Porree in Margarine anschwitzen und mit der Gemüsebrühe ablöschen. Alles bei reduzierter Energie etwa 10 Minuten leise köcheln lassen. Das Gemüse sollte kernig sein.
3. Kümmel, Zitronenschale und Knoblauch zu einem kleinen Häufchen anrichten. Salz darüberstreuen und alles fein hacken.
4. Die gewürzten Tofuscheiben in Margarine goldgelb braten.
5. Das Gemüse mit Gewürzmischung und Zitronensaft abschmecken, mit Rahm, frisch gehackter Petersilie und Schnittlauchröhrchen vollenden und heiß über die gebratenen Tofuscheiben geben.

Tofuscheiben nach Maledivenart

Zutaten

500 g Hensel-Tofu ungewürzt
20 g Danga-Kräutersalz
50 g Vitaquell-Margarine
1 kleine Dose Ananaswürfel
1 kleine Dose Mandarinen
1 kleines Glas Kürbis
20 g grüner Pfeffer mit Brühe
Speisestärke
25 g Ahornsirup
einige Spritzer Sojasoße
25 g Himbeeressig

Zubereitung

1. Tofu in dünne Scheiben schneiden, mit Kräutersalz würzen und in Margarine scharf anbraten. Aus der Pfanne nehmen, warm stellen.
2. Ananas, Mandarinen und Kürbis auf ein Sieb geben, abtropfen lassen. Den Saft auffangen. Das Obst mit grünem Pfeffer und Pfefferbrühe in den Bratensud geben.
3. Alles durchschwenken, mit dem Saft auffüllen, zum Kochen bringen und mit der Speisestärke binden. Abschmecken mit Ahornsirup, Sojasoße und Himbeeressig. Die Soße heiß über die Tofuscheiben geben.

Tofu-Champignon-Ragout mit Kräutern

Zutaten

250 g Hensel-Tofu ungewürzt
500 g frische Champignons
50 g Vitaquell-Margarine
1 l Sojamilch Nuxo
einige Körnchen Salz
Mehl
1/8 l Wasser
25 g pflanzliche Streuwürze
Saft einer halben Zitrone
einige Spritzer Sojasoße
4 Eigelb
1/4 l süße Sahne
1 Bund Dill
1 Bund Petersilie

Zubereitung

1. Tofu würfeln und mit den frischen, gewaschenen und in Scheiben geschnittenen Champignons in Margarine anschwitzen. Mit Sojamilch auffüllen und mit Salz würzen.
2. Tofu, Champignons und Milch zum Kochen bringen. Mehl mit 1/8 l Wasser anrühren, das Ragout damit binden. Aufkochen lassen. Energiezufuhr ausschalten. Mit Streuwürze, Zitronensaft und Sojasoße abschmecken.
3. Eigelbe mit Sahne verquirlen und unter das Ragout geben. Nicht mehr kochen lassen.
4. Kurz vor dem Servieren frisch gehackten Dill und frisch gehackte Petersilie unter das Ragout geben.

Tofu-Buchweizen-Pfannkuchen mit eingebackenen Lauchringen

Zutaten

200 g Hensel-Tofu gewürzt
2 Stangen Lauch
2 Möhren
150 g Weizenmehl (Type 1050)
200 g Buchweizenmehl
1/4 l Nuxo-Sojadrink
10 g Danga-Kräutersalz
3 Eier
50 g Vitaquell-Olivenöl

Zubereitung

1. Den Tofu in feine Würfel, den Lauch in feine Ringe schneiden. Die Möhren waschen, schrappen und raspeln.
2. Tofu, Lauch und Möhren mischen und in 4 Portionen einteilen.
3. Das Weizenmehl und das Buchweizenmehl mit dem Sojadrink, dem Kräutersalz und den Eiern verrühren.
4. In dem Olivenöl Tofu, Lauch und Möhren ganz leicht anbraten, darüber den Pfannkuchenteig geben. Die Pfannkuchen von beiden Seiten goldgelb backen.

Tofu-Kartoffel-Pfanne

Zutaten

750 g Kartoffeln
1 rote Paprikaschote
1 grüne Paprikaschote
100 g feingehackte Zwiebeln
250 g Hensel-Tofu gewürzt
50 g Vitaquell-Margarine
2 Becher Süßrahm
2 Bund Schnittlauch

Zubereitung

1. Kartoffeln waschen, kochen, pellen und würfeln. Paprikaschoten halbieren, entkernen, die Scheidewände entfernen, da sie die Bitterstoffe enthalten.
2. Die gewürfelten Paprikaschoten mit gehackten Zwiebeln und dem grob zerdrückten Tofu in Margarine 10 bis 15 Minuten dünsten. Die Paprikaschoten sollten noch kernig sein.
3. Die feingewürfelten Kartoffeln unter das Gemüse schwenken. Vollenden mit Süßrahm und gehackten Schnittlauchröhrchen.

Balinesischer Tofu

Zutaten

Für die Marinade:
0,5 l Hefebrühe
3 Lorbeerblätter
20 Nelkenköpfe
10 Wacholderbeeren
5 g Senfkörner
50 g Obstessig
einige Körnchen Salz
25 g Ahornsirup
250 g Hensel-Tofu ungewürzt

Für die Soße:
2 Stangen Porree
250 g Möhren
250 g Sellerie
250 g Zwiebeln
50 g Vitaquell-Margarine
25 g Speisestärke
50 g Rosinen
2 Bund Dill

Zubereitung

1. Hefebrühe mit Lorbeerblättern, Nelkenköpfen, Wacholderbeeren, Senfkörnern, Obstessig, Salz und Ahornsirup aufkochen. Tofu in die noch heiße Marinade geben und etwa 12 Stunden ziehen lassen.
2. Porree putzen, in breite Ringe schneiden, gründlich waschen. Möhren putzen, waschen und würfeln. Sellerie dünn schälen, ebenfalls in Würfel schneiden. Zwiebeln pellen und in Ringe scheiden. Alles Gemüse in Margarine etwa 10 Minuten dünsten.
3. Die Tofumarinade auf einem Sieb abtropfen lassen und die Marinade zum Gemüse geben. Das Gemüse mit der angerührten Speisestärke binden. Nochmals aufkochen lassen.
4. In die fertige Gemüsesoße den Tofu und die gewaschenen Rosinen geben. Alles bei reduzierter Energiezufuhr noch etwa 30 Minuten leise köcheln lassen.
5. Die Soße mit dem gehackten Dill vollenden. Den Tofu herausnehmen, in Scheiben schneiden und mit der Soße begießen.

Dazu schmecken Kartoffelklöße.

Koreanisches Ragout

Zutaten

250 g Hensel-Tofu ungewürzt
2 Äpfel
4 Stangen Porree
2 grüne Bananen
50 g Vitaquell-Margarine
5 g Currypulver
25 g Apfeldicksaft
1 l Gemüsebrühe
25 g Speisestärke
1/8 l Wasser
400 g 6-Korn-Vollkornnudeln

Zubereitung

1. Tofu würfeln. Äpfel schälen, entkernen und in Spalten schneiden.
2. Porree in 1 cm dicke Ringe schneiden und gründlich waschen. Bananen in dicke Scheiben schneiden. Alles in Margarine anschwitzen und mit Currypulver bestäuben.
3. Apfeldicksaft hinzugeben und mit Gemüsebrühe auffüllen. Zum Kochen bringen, dann mit der angerührten Speisestärke binden. Alles aufkochen lassen.
4. Nudeln nach Anweisung kochen und als Beilage zum Ragout servieren.

Tofuragout nach Waldläuferart in Kresserahm

Zutaten

500 g Hensel-Tofu ungewürzt
1/2 Dose Mischpilze
50 g Vitaquell-Margarine
250 g feingehackte Zwiebeln
50 g Tomatenmark
1/8 l Rahm
1 l Gemüsebrühe
50 g Mehl
1/8 l Wasser
einige Körnchen Salz
evtl. 5 g Hefeflocken
2 Schachteln Kresse

Zubereitung

1. Tofu pfenniggroß würfeln und mit den abgespülten, grob gehackten Waldpilzen in Margarine dünsten. Zwiebeln und Tomatenmark hinzugeben. Alles kräftig durchschwitzen. Mit Rahm ablöschen, mit Gemüsebrühe auffüllen und zum Kochen bringen.
2. Mehl mit Wasser anrühren und damit das »Gulasch« binden. Aufkochen. Energiezufuhr reduzieren. Abschmecken mit Salz, wer es mag, mit Hefeflocken. Nicht mehr kochen lassen.
3. Kurz vor dem Servieren mit reichlich frisch gehackter Kresse bestreuen.

Tofu-Reis-Röstlinge

– Grundrezept –

Zutaten

50 g Vollreis
250 g Hensel-Tofu gewürzt
100 g feingehackte Zwiebeln
50 g Vitaquell-Margarine
50 g Haferflocken
3 Eier
25 g Kräutersalz
50 g Paniermehl
50 g Kartoffelknödelpulver halb und halb

Zubereitung

1. Reis in leicht gesalzenem Wasser etwa 20 Minuten garen. Auf ein Sieb geben. Kalt abspülen und abtropfen lassen.
2. Tofu mit einer Gabel zerdrücken. Zwiebeln in Margarine anrösten und mit Haferflocken, Eiern, Kräutersalz, Paniermehl, Kartoffelknödelpulver und abgetropftem Reis zum Tofu geben und alles durchkneten. Die Masse sollte nun nicht mehr an den Fingern kleben.
3. Die Masse zu Bällchen formen, flachdrücken und in Margarine goldgelb braten.

Diese Röstlinge schmecken mit und ohne Beilage, auch auf Brot oder wie ein Hamburger in einem Brötchen.

Überbackene Röstlinge

Zutaten

50 g Vollreis
50 g Hensel-Tofu gewürzt
100 g feingehackte Zwiebeln
50 g Vitaquell-Margarine
50 g Haferflocken
3 Eier
25 g Kräutersalz
50 g Paniermehl
50 g Kartoffelknödelpulver
12 gefüllte Oliven
8 Scheiben Chesterkäse

Zubereitung

1. Die Röstlinge nach dem Grundrezept (siehe links) herstellen.
2. 8 flache Bällchen formen und goldgelb braten. In eine feuerfeste Form geben.
3. Oliven halbieren und die gebratenen Röstlinge damit garnieren. Chesterkäse obenauflegen. Im Grill oder Backhofen so lange überbacken, bis der Käse geschmolzen ist.

Gekräuterte Tofu-Reis-Röstlinge

Zutaten

50 g Vollreis
250 g Hensel-Tofu gewürzt
100 g feingehackte Zwiebeln
50 g Vitaquell-Margarine
50 g Haferflocken
3 Eier
25 g Kräutersalz
50 g Paniermehl
1 Bund Petersilie
1 Bund Schnittlauch
1 Bund Dill
1 Beet Kresse
25 g Kräutersenf
50 g Kartoffelknödelpulver

Zubereitung

1. Reis in leicht gesalzenem Wasser etwa 20 Minuten garen, dann auf ein Sieb geben, kalt abspülen und abtropfen lassen.
2. Tofu mit einer Gabel zerdrücken. Zwiebeln in Margarine anrösten und mit Haferflocken, Eiern, Kräutersalz, Paniermehl, den feingehackten Kräutern, Kräutersenf, Kartoffelknödelpulver und abgetropftem Reis zum Tofu geben und alles gut durchkneten. Die Masse sollte nicht mehr an den Fingern kleben.
3. Die Masse zu Bällchen formen und in Margarine goldgelb braten.

Tofuröllchen auf Balkanart

Zutaten

50 g Vollreis
250 g Hensel-Tofu gewürzt
100 g feingehackte Zwiebeln
50 g Vitaquell-Margarine
50 g Haferflocken
3 Eier
25 g Kräutersalz
50 g Paniermehl
50 g Kartoffelknödelpulver halb und halb

Zum Garnieren:
1 rote, 1 grüne, 1 gelbe Paprikaschote
1 Zehe Knoblauch
10 g Kräutersalz

Zubereitung

1. Die Röstlinge nach dem Grundrezept (siehe Seite 60) herstellen.
2. Aus der Tofumasse daumendicke, etwa 5 cm lange Röllchen formen und in Margarine goldgelb und knusprig braun braten.
3. Paprikaschoten halbieren, entkernen und in feine Streifen schneiden. Knoblauchzehe ausdrücken und mit Kräutersalz über die Paprikaschote geben. Gut mischen. Diese Garnitur über die recht heißen Tofuröllchen geben.

Buntes Gemüse mit Röstlingen

Zutaten

Für das Gemüse:

2 mittelgroße Zwiebeln
500 g Schmorgurken
250 g Paprika
25 g Olivenöl
1/4 l Tomatensaft
250 g Tomaten
25 g grüner Pfeffer mit Brühe
5 g Rosenpaprikapulver
1/2 Becher saure Sahne
20 g pflanzliche Streuwürze
1 Bund Petersilie

Für die Röstlinge:

50 g Vollreis
250 g Hensel-Tofu gewürzt
100 g feingehackte Zwiebeln
50 g Vitaquell-Margarine
50 g Haferflocken
3 Eier
25 g Kräutersalz
50 g Paniermehl
50 g Kartoffelknödelpulver halb und halb

Zubereitung

1. Zwiebeln pellen, in Ringe schneiden. Gurken schälen, halbieren, entkernen, dann in Streifen schneiden. Paprika waschen, entkernen und würfeln. Alles zusammen in Olivenöl bei geschlossenem Deckel etwa 10 Minuten garen. Mit Tomatensaft ablöschen.
2. Tomaten oben einschneiden und etwa 10 Sekunden in kochendes Wasser geben, dann abziehen und vierteln. Tomatenviertel unter das Schmorgemüse geben. Alles aufkochen.
3. Mit saurer Sahne verfeinern und mit Streuwürze abschmecken.
4. Die Röstlinge nach dem Grundrezept (siehe Seite 60) herstellen.
5. Das Gemüse über die Röstlinge anrichten und mit frisch gehackter Petersilie bestreuen.

Röstlinge auf Überraschungsart

Zutaten

50 g Vollreis
250 g Hensel-Tofu gewürzt
100 g feingehackte Zwiebeln
50 g Vitaquell-Margarine
50 g Haferflocken
3 Eier
25 g Kräutersalz
50 g Paniermehl
50 g Kartoffelknödelpulver
4 kleine Eier
25 g Kräutersenf

Zubereitung

1. Die Röstlinge nach dem Grundrezept (siehe Seite 60) herstellen.
2. Eier je nach Größe 8 Minuten hart kochen und pellen.
3. Tofumasse in 4 gleiche Teile trennen. Flachdrücken, mit Kräutersenf bestreichen. Die hartgekochten Eier in die Mitte geben und mit der Masse umschließen.
4. Mit angefeuchteten Händen sehr sorgfältig zu Bällchen formen. Die Bällchen in leicht gesalzenem Wasser etwa 20 Minuten kochen lassen.

Röstbällchen auf Zürcher Art

Zutaten

Für die Röstlinge:
50 g Vollreis
250 g Hensel-Tofu gewürzt
100 g feingehackte Zwiebeln
50 g Vitaquell-Margarine
50 g Haferflocken
3 Eier
25 g Kräutersalz
50 g Paniermehl
50 g Kartoffelknödelpulver halb und halb

Für die Zürcher Soße:
250 g Champignons
1/8 l Gemüsebrühe
1/8 l weißer Traubensaft
eventuell Speisestärke
1/4 l süße Sahne

Zubereitung

Die Röstlinge nach dem Grundrezept (siehe Seite 60) herstellen.

2. Die Tofumasse zu Bällchen formen und in Margarine goldgelb braten.

3. Die Bällchen aus der Pfanne herausnehmen und warm stellen. Die gewaschenen, geschnittenen Champignons ins Bratenfett geben und kräftig durchschwenken.

4. Ablöschen mit Gemüsebrühe und Traubensaft. Aufkochen und eventuell mit Speisestärke binden. Die Energiezufuhr reduzieren und Sahne unterrühren. Die Bällchen in die Soße geben, durchziehen lassen.

Pflaumenknödel mit Tofustreifen Madras

Zutaten

Für die Knödel:
500 g Kartoffeln
2 Eier
200 bis 250 g Weizenmehl
25 g Vitaquell-Sonnenblumenöl
5 g Salz
10 Kurpflaumen ohne Steine

Für die Soße:
500 g Hensel-Tofu gewürzt
1 kleine Dose Champignons
100 g feingehackte Zwiebeln
50 g Vitaquell-Margarine
50 g Tomatenmark
10 g grüner Pfeffer mit Brühe
1/2 l Gemüsebrühe
eventuell Speisestärke
1 Becher Crème fraîche

Zubereitung

1. Kartoffeln kochen, pellen, pürieren. Eier, Mehl, Öl und Salz hinzugeben. Alles zu einem festen Teig verarbeiten.

2. Handtellergroße, etwa 1 cm dicke Stücke formen. Die Masse ergibt etwa 10 Portionen. In die Teigmitte die gewaschenen Pflaumen geben. Rund formen und in Salzwasser etwa 20 Minuten garen.

3. Tofu würfeln. Champignons auf ein Sieb geben und die Brühe auffangen. Tofuwürfel und Champignons mit Zwiebeln in Margarine anschwitzen. Tomatenmark hinzugeben. Alles kräftig durchschwitzen. Pfeffer mit Brühe und Gemüsebrühe hinzugeben.

4. Die Soße aufkochen lassen. Eventuell mit etwas Speisestärke binden. Mit Crème fraîche und etwas Salz verfeinern.

Überbackene Röstlinge auf Rösti mit Williams-Birne

Zutaten

Für die Röstlinge:

50 g Vollreis
250 g Hensel-Tofu gewürzt
100 g feingehackte Zwiebeln
50 g Vitaquell-Margarine
50 g Haferflocken
3 Eier
25 g Kräutersalz
50 g Paniermehl
50 g Kartoffelknödelpulver halb und halb

Für die Rösti:

750 g Kartoffeln
20 g pflanzliche Streuwürze
einige Körnchen Kräutersalz
1 Strich Muskat
4 halbe Birnen
8 Scheiben Schweizer Käse

Zubereitung

1. Die Röstlinge nach dem Grundrezept (siehe Seite 60) herstellen.
2. Bällchen formen und von allen Seiten goldgelb braten.
3. Kartoffeln in der Schale nicht zu weich kochen. Pellen, kalt werden lassen und grob raspeln. Mit Streuwürze, Kräutersalz und Muskat vorsichtig vermengen; es soll kein Brei entstehen.
4. Aus der Kartoffelmasse 4 flache Rösti formen und in der Pfanne goldgelb braten.
5. Birnen mit Küchenkrepp abtrocknen. Die fertigen Rösti auf ein mit Alufolie ausgelegtes Blech geben. Darauf die gebratenen Röstlinge, darauf wiederum die Williams-Birnen, die mit Schweizer Käse abgedeckt werden.
6. Bei 180°C im Ofen backen, bis der Käse zerläuft.
7. Auf Tellern anrichten und mit eingelegtem Kürbis, Senfgurken und Kopfsalat garnieren. Schnell servieren.

Ungarische Hirtenspieße

Zutaten

50 g Vollreis
250 g Hensel-Tofu gewürzt
100 g feingehackte Zwiebeln
50 g Vitaquell-Margarine
50 g Haferflocken
3 Eier
25 g Kräutersalz
50 g Paniermehl
50 g Kartoffelknödelpulver halb und halb
8 kleine Zwiebeln
2 Gewürzgurken
8 getrocknete Aprikosen
einige Körnchen pflanzliche Streuwürze
10 g Kräutersalz
1/8 l Traubensaft
1/8 l Kefir
1 Knoblauchzehe
eventuell Speisestärke

Zubereitung

1. Die Röstlinge nach dem Grundrezept (siehe Seite 60) herstellen.
2. Die Tofumasse zu Bällchen formen und in Margarine goldgelb braten.
3. Zwiebeln schälen, längs halbieren. Gewürzgurken in dicke Scheiben schneiden. Zwiebeln, Gewürzgurken, Aprikosen und Bällchen in bunter Reihenfolge auf 4 Spieße stecken. Mit Streuwürze und Kräutersalz würzen.
(Foto Seite 54)

4. Die Spieße in einer Pfanne von allen Seiten knusprig braten. Aus der Pfanne nehmen, mit Traubensaft ablöschen, die Spieße wieder in die Pfanne geben und noch etwa 10 Minuten mitgaren.
5. Spieße wiederum aus der Pfanne herausnehmen, warm stellen. Jetzt Kefir in die Pfanne rühren, alles aufkochen. Die Knoblauchzehe auspressen und zur Soße geben. Wer mag, kann die Soße mit Speisestärke binden, dann aber noch einmal aufkochen lassen. Die Soße über die Spieße geben.

Gefüllte Kohlrouladen mit Zwiebelsoße

Zutaten

1 mittlerer Weißkohlkopf

Für die Füllung:
50 g Vollreis
250 g Hensel-Tofu gewürzt
100 g feingehackte Zwiebeln
50 g Vitaquell-Margarine
50 g Haferflocken
3 Eier
25 g Kräutersalz
100 g Paniermehl

Für die Soße:
100 g Zwiebelringe
25 g Vitaquell-Margarine
50 g Tomatenmark
einige Körnchen Salz und Pfeffer
40 g Speisestärke
1 Bund Schnittlauch

Zubereitung

1. Vom Kohlkopf den Strunk herausschneiden. Die Blätter vorsichtig ablösen und die dicken Rippen entfernen, waschen. Kohlblätter in leicht gesalzenem Wasser blanchieren. 1 l der Kohlbrühe für die Soße aufheben.
2. Vollreis etwa 20 Minuten in Salzwasser garen. Kalt abspülen, abtropfen lassen.
3. Tofu mit der Gabel zerdrücken. Zwiebeln in Margarine anbraten und mit Haferflocken, Eiern und Kräutersalz zum Tofu geben. Alles gut durchkneten, dann mit Paniermehl binden. Die Masse sollte nicht mehr an den Fingern kleben. Eventuell mit etwas Salz nachwürzen. Die Masse in 4 gleiche Teile portionieren.
4. Einige Kohlblätter übereinanderschlagen und mit der Masse füllen. Die Blätter zusammenrollen.
5. Zwiebeln in einer Pfanne mit hohem Rand in Margarine anbraten. Tomatenmark, Salz und Pfeffer hinzugeben. Die Kohlrouladen mit der »Naht« nach unten einsetzen (erspart das Wickeln).
6. Mit Kohlbrühe auffüllen und alles aufkochen lassen. Dann die Rouladen bei reduzierter Energiezufuhr etwa 45 Minuten leise köcheln lassen. Die Rouladen herausnehmen. Die Brühe mit Speisestärke binden und aufkochen lassen. Mit Salz und Pfeffer abschmecken. Die Soße mit frischen gehackten Schnittlauchröhrchen vollenden und über die Rouladen geben.

Tofu-Chili

Zutaten

200 g rote Bohnen
250 g Hensel-Tofu ungewürzt
200 g feingehackte Zwiebeln
50 g Vitaquell-Margarine
500 g frische Tomaten
3 Stangen Lauch
1 kleine Dose Mais
10 g Danga-Vollmeersalz
1 Messerspitze Chilipulver
1 Knoblauchzehe
1 Bund frisches Bohnenkraut

Zubereitung

1. Die roten Bohnen waschen und am Vorabend einweichen, sie sollten mit Wasser bedeckt sein.

2. Die Bohnen in dem Einweichwasser etwa 1 1/2 Stunden kochen.

3. Den gewürfelten Tofu mit den feingehackten Zwiebeln in Vitaquell dünsten. Die gewaschenen, abgezogenen, gewürfelten Tomaten sowie den in breite Ringe geschnittenen, gewaschenen Lauch zu den Bohnen geben. Alles zum Kochen bringen und bei reduzierter Energiezufuhr etwa 10 Minuten köcheln lassen.

3. Anschließend den abgespülten Mais, Chilipulver und die zerdrückte Knoblauchzehe zugeben und mit Vollmeersalz abschmecken.

4. Eventuell den Tofu-Chili mit Speisestärke binden, dann nochmals aufkochen lassen. Mit dem gehackten Bohnenkraut abschmecken.

Röstlinge auf polnische Art

Zutaten

Für die Röstlinge:
50 g Vollreis
250 g Hensel-Tofu gewürzt
100 g feingehackte Zwiebeln
50 g Vitaquell-Margarine
50 g Haferflocken
3 Eier
25 g Kräutersalz
50 g Paniermehl
50 g Kartoffelknödelpulver halb und halb

Für die polnische Soße:
100 g Vitaquell-Margarine
1/8 l Wasser
1 Becher Sauerrahm
eventuell Speisestärke
3 Eier
6 EL Graham-Paniermehl
100 g feingehackte Zwiebeln
frisch gehackte Petersilie

Zubereitung

1. Die Röstlinge nach dem Grundrezept (siehe Seite 60) herstellen.

2. Die Tofumasse zu Bällchen formen und in Margarine von allen Seiten goldgelb braten. Die Tofubällchen aus der Pfanne nehmen, warm stellen.

3. Den Bratensud mit Wasser und Sauerrahm loskochen. Eventuell mit Speisestärke binden, dann die Soße nochmals aufkochen lassen. Die Tofubällchen in die Soße geben.

4. Eier hart kochen, pellen und hacken. Mit Paniermehl und Zwiebeln in Margarine goldgelb rösten. Kurz vor dem Servieren über die Sojabällchen geben. Mit reichlich frisch gehackter Petersilie bestreuen.

Gefüllte Zucchini, mit Käse überbacken

Zutaten

4 mittelgroße Zucchini
250 g Hensel-Tofu ungewürzt
100 g gehackte Zwiebeln
50 g Vitaquell-Margarine
3 Eier
50 g Haferflocken
50 g Paniermehl
10 g Danga-Kräutersalz
200 g geriebener Gouda
1 Bund Petersilie

Zubereitung

1. Die Zucchini putzen, waschen, halbieren und aushöhlen.
2. Den Tofu mit einer Gabel zerdrücken. Die in Margarine angebratenen Zwiebeln, das Innere der Zucchini, Eier, Haferflocken und Paniermehl mit dem Kräutersalz unter den zerkleinerten Tofu mischen und alles zu einer Masse verarbeiten.
3. Diese Masse in die ausgehöhlten Zucchini geben. Die Zucchini auf ein Blech setzen oder in eine feuerfeste Form geben. Im Ofen etwa 20 Minuten bei 180°C backen.
4. Dann mit dem geriebenen Gouda bestreuen. So lange weiterbacken, bis der Käse schmilzt. Mit gehackter Petersilie bestreuen.

Dieses Gericht können Sie auch sehr gut im Mikrowellengerät garen.

Tofumaisgrieß mit Spinatfüllung

Zutaten

1 l Wasser oder Gemüsebrühe
250 g Maisgrieß (Polenta)
10 g Danga-Kräutersalz
1000 g Blattspinat (eventuell Tiefkühlware)
250 g Hensel-Tofu ungewürzt
50 g Vitaquell-Margarine
300 g Tomaten
250 g Mozzarella

Zubereitung

1. Wasser oder Gemüsebrühe zum Kochen bringen und den Maisgrieß einrieseln lassen. Kräutersalz zugeben. Den Grieß aufkochen und etwa 5 Minuten ausquellen lassen. Den Maisgrieß etwa 1 cm hoch auf ein Backblech streichen.
2. Den Blattspinat gründlich waschen und in reichlich Wasser kurz blanchieren. Dann abgießen, grob hacken und mit dem gewürfelten Tofu in Margarine 5 Minuten dünsten. Eventuell einige Körnchen Vollmeersalz zum Spinattofu geben.
3. Den Spinattofu auf den Maisgrieß geben. Mit den gewaschenen in Scheiben geschnittenen Tomaten belegen. Den Mozzarella mit einer Gabel zerdrücken und auf die Tomaten streuen. Alles bei 180°C etwa 10 Minuten im Ofen backen.

Gefüllte Tomaten nach Art der Toscana

Zutaten

10 große Fleischtomaten
1 g Rosmarin
3/4 l Wasser
10 g Vollmeersalz

Für die Füllung:
50 g Vollreis
250 g Hensel-Tofu gewürzt
50 g Vitaquell-Margarine
50 g Zwiebeln
200 g frische Champignons
3 Eier
50 g Haferflocken
25 g Kräutersalz
100 g Paniermehl

Für die Soße:
25 g Vitaquell-Margarine
100 g frische Champignons
40 g Speisestärke

Zubereitung

1. Tomaten waschen, abtrocknen. Mit einem Messer die Deckel abschneiden. Das Innere mit einem Löffel herauslösen und mit 3/4 l Wasser, Rosmarin und Vollmeersalz aufkochen. Durch ein Sieb geben und für die Soße aufbewahren.
2. Vollreis etwa 20 Minuten in Salzwasser garen. Abspülen, abtropfen lassen.
3. Tofu mit der Gabel zerdrücken, dazu in Margarine angebratene Zwiebeln, gewaschene, in dünne Scheiben geschnittene Champignons, Eier, Haferflocken und Kräutersalz geben.
4. Das Ganze gut durchkneten und mit Paniermehl binden. Die Masse sollte nicht mehr an den Fingern kleben. Mit dieser Masse die Tomaten füllen, die Deckel wieder aufsetzen.
5. In eine Pfanne mit hohem Rand Margarine und die in dünne Scheiben geschnittenen Champignons geben. Darauf die gefüllten Tomaten setzen. Mit der Tomatenbrühe angießen.
6. Tomaten etwa 20 Minuten bei reduzierter Energiezufuhr köcheln lassen, herausnehmen und die Brühe mit Speisestärke binden. Die Soße aufkochen lassen und dann reichlich über die Tomaten geben.

Weißkohl, einmal anders serviert

Zutaten

1 Weißkohl (1000 bis 2000 g)
Olivenöl
Kräuter der Provence
Alufolie
50 g Vollreis
250 g Hensel-Tofu gewürzt
100 g Zwiebeln
50 g Vitaquell-Margarine
50 g Haferflocken
3 Eier
25 g Kräutersalz
50 g Paniermehl
50 g Kartoffelknödelpulver halb und halb
50 g Olivenöl
100 g feingehackte Zwiebeln
30 g Tomatenmark
1 Dose geschälte Tomaten
10 gefüllte Oliven
20 g pflanzliche Streuwürze
Kümmel nach Geschmack
2 Bund Petersilie

Zubereitung

1. Die äußeren Blätter des Kohls entfernen. Den Kohl vierteln und den Strunk herausschneiden.
2. Die Folie mit Olivenöl einstreichen, mit Kräutern der Provence bestreuen. Darauf den Kohl geben und mit Streuwürze würzen. Die Folie sorgfältig um den Kohl falten und diesen etwa 45 Minuten in heißem Wasser garen.
3. Reis in leicht gesalzenem Wasser etwa 20 Minuten garen. Auf ein Sieb geben, kalt abspülen und abtropfen lassen. Tofu mit einer Gabel zerdrücken. Feingehackte Zwiebeln in Margarine anrösten.
4. Haferflocken, Eier, Kräutersalz, Paniermehl, Kartoffelknödelpulver und den abgetropften Reis zum Tou geben und alles gut durchkneten.
5. Olivenöl in eine Pfanne geben und erhitzen. Die Tofu-Reis-Masse zugeben. Durch Rütteln der Pfanne und mit einem Holzlöffel die Masse zerkleinern und anbraten. Zwiebeln und Tomatenmark hinzugeben. Alles kräftig durchschmoren lassen.
6. Geschälte Tomaten und feingehackte Oliven hinzugeben. Aufkochen lassen. Die Soße mit Streuwürze abschmecken. Nach Geschmack mit Kümmel würzen.
7. Den gegarten Kohl aus der Folie nehmen, heiß auf die Teller geben und mit der Soße übergießen. Mit der frischgehackten Petersilie bestreuen.

Rotkrautrouladen mit Pflaumen-Pfeffer-Soße

Zutaten

1 Kopf Rotkohl

Für die Füllung:
50 g Vollreis
250 g Hensel-Tofu gewürzt
50 g Vitaquell-Margarine
3 Eier
50 g Haferflocken
25 g Kräutersalz
1 Bund Dill
25 g Rosinen
100 g Paniermehl

Für die Soße:
50 g Tomatenmark
25 g Vitaquell-Margarine
50 g Pflaumenmus
Speisestärke
1 Prise Zimt
1 Prise Ingwer
20 g grüner Pfeffer mit Brühe
einige Spritzer Zitronensaft
einige Körnchen Salz und Zucker

Zubereitung

1. Vom Rotkohlkopf den Strunk herausschneiden. Die Blätter vorsichtig ablösen und die dicken Rippen entfernen, waschen. Den Kohl in leicht gesalzenem Wasser blanchieren. 3/4 l der Kohlbrühe für die Soße aufheben.
2. Vollreis etwa 20 Minuten in Wasser garen, abspülen und abtropfen lassen.
3. Tofu mit der Gabel zerdrücken. In Margarine angebratene Zwiebeln, Eier, Haferflokken, Kräutersalz und geschnittenen Dill zum Tofu geben. Alles gut durchkneten. Dann Rosinen hinzufügen und die Masse mit Paniermehl binden. Sie sollte nicht mehr an den Fingern kleben.
4. Die Masse in 4 gleiche Teile portionieren. Einige Kohlblätter übereinanderlegen, mit der Masse füllen. Die Blätter nun zusammenrollen.
5. Tomatenmark mit Margarine in einer Pfanne mit hohem Rand kräftig andünsten. Rotkrautrouladen mit der »Naht« nach unten einsetzen (erspart das Umwickeln).
6. Die Rouladen mit der Kohlbrühe auffüllen. Aufkochen, dann bei reduzierter Energiezufuhr etwa 45 Minuten leise köcheln lassen. Die Rouladen herausnehmen. Pflaumenmus zur Soße geben, aufkochen und mit Speisestärke binden.
7. Die Soße mit Zimt, Ingwer, grünem Pfeffer, Zitronensaft, Salz und Zucker abschmecken und über die Rouladen geben.

Rotkrautrouladen mit Pflaumen-Pfeffer-Soße (Rezept oben) ▷

Pikanter Pfannkuchenturm

Zutaten

300 g Mehl
3/8 l Milch
5 Eier
Salz
250 g Hensel-Tofu gewürzt
100 g Tomatenmark
50 g Wasser
1 g Kräuter der Provence
10 g pflanzliche Streuwürze
1 Paket tiefgekühlter Spinat
50 g Vitaquell-Olivenöl
16 gefüllte Oliven
25 g Parmesankäse

Zubereitung

1. Aus Mehl, Milch und Eiern einen Pfannkuchenteig herstellen und mit etwas Salz würzen.

2. Tofu würfeln. Tomatenmark mit Wasser glattrühren, abschmecken mit Kräutern der Provence, etwas Salz und Streuwürze.

3. Aufgetauten Blattspinat in 1 EL Olivenöl schwenken, mit etwas Salz würzen.

4. Oliven in breite Ringe schneiden, zusammen mit dem gewürfelten Tofu in etwa 8 Portionen teilen und in das heiße Öl geben. Darüber jeweils ein Achtel des Pfannkuchenteigs. Von beiden Seiten goldgelb braten.

5. Die Pfannkuchen auf einer Platte schichtweise abwechselnd mit Blattspinat und abgeschmecktem Tomatenmark bestreichen.

6. Den letzten Pfannkuchen mit Tomatenmark bestreichen, dick mit Parmesankäse bestreuen und das Ganze überbacken. Den Turm vierteln und dann servieren.

◁ *Pikanter Pfannkuchenturm (Rezept oben)*

6-Korn-Vollkornnudeln mit Tomaten-Tofu-Soße

Zutaten

400 g Hensel-6-Korn-Vollkornnudeln
250 g Tofu
25 g Vitaquell-Margarine
100 g gehackte Zwiebeln
50 g Tomatenmark
500 g frische Tomaten
(eventuell auch Dosenware)
1 l Wasser
eventuell Speisestärke
5 g Salz
5 g Paprika
1 g Oregano
10 g Pflanzenmargarine
1 Prise Muskat
Parmesan nach Geschmack

Zubereitung

1. Nudeln etwa 10 Minuten garen. Kalt abspülen und abtropfen lassen.
2. Tofu grob mit einer Gabel zerdrücken. In Margarine mit den Zwiebeln glasig dünsten.
3. Tomatenmark und die abgezogenen, gewürfelten Tomaten hinzugeben. Mit 1 l Wasser auffüllen. Das Ganze zum Kochen bringen. Eventuell mit Speisestärke binden und mit den Gewürzen abschmecken.
4. Nudeln in der Margarine heiß schwenken, mit Muskat abschmecken und die Soße darübergeben. Je nach Geschmack mit Parmesan bestreuen.

Pellkartoffeln mit Tofu-Kräuter-Dip

Zutaten

1000 g Kartoffeln
1 TL Kümmel
einige Körnchen Vollmeersalz
500 g Hensel-Tofu ungewürzt
100 g Vitaquell-Distelöl
1/8 l Nuxo-Sojadrink
einige Spritzer Zitronensaft
10 g Kräutersalz
100 g feingehackte Zwiebeln
1 Bund Schnittlauch
1 Bund Petersilie
1 Bund Dill
1 Schachtel Kresse

Zubereitung

1. Die Kartoffeln waschen und unter Zusatz von Kümmel und einigen Körnchen Vollmeersalz kochen, pellen und warm stellen.
2. Den Tofu mit dem Distelöl, dem Sojadrink, dem Zitronensaft und Kräutersalz in der Küchenmaschine oder mit dem elektrischen Rührgerät gut verrühren.
3. Die feingehackten Zwiebeln und Kräuter unter den Tofudip rühren. Eventuell mit pflanzlicher Streuwürze nachschmecken. Diesen Dip zu den Kartoffeln essen.

Rosenkohl-Kartoffel-Ragout

Zutaten

1000 g Rosenkohl
(eventuell auch Tiefkühlware)
750 g Kartoffeln
500 g Hensel-Tofu ungewürzt
50 g Vitaquell-Margarine
100 g feingehackte Zwiebeln
10 g Kräutersalz
20 g Speisestärke
125 g Crème fraîche
2 Möhren
2 Bund Petersilie

Zubereitung

1. Den geputzten, gewaschenen Rosenkohl bißfest garen und anschließend abgießen. 1 Liter Brühe aufheben.
2. Die Kartoffeln waschen, kochen, pellen und in daumennagelgroße Würfel schneiden. Den Tofu würfeln und mit den Zwiebeln in Margarine anbraten.
3. Die Rosenkohlbrühe zum Kochen bringen, Kräutersalz zugeben und mit der Speisestärke binden. Nochmals aufkochen lassen.
4. In diese Soße Rosenkohl, Kartoffelwürfel und den Tofu geben und mit Crème fraîche abschmecken. Eventuell noch Flüssigwürze von Danga zugeben.
5. Die Möhren waschen, schrappen, raffeln und roh mit der gehackten Petersilie zum Ragout geben.

Kartoffel-Tofu-Pizza

Zutaten

500 g Kartoffelknödelpulver für rohe Klöße
3/8 l Nuxo-Sojamilch
3 Eier
1 Prise Muskat
1 Messerspitze Majoran

Für den Belag:
250 g Hensel-Tofu ungewürzt
50 g Vitaquell-Margarine
50 g Tomatenmark
250 g frische Tomaten
250 g frische Champignons
100 g feingehackte Zwiebeln
200 g geriebener Gouda

Zubereitung

1. Das Kartoffelknödelpulver mit der Sojamilch anrühren. Die Eier unterarbeiten. Mit Muskat und Majoran abschmecken.
2. Die Masse 15 Minuten ruhen lassen, dann etwa 1 cm dick auf ein Blech streichen und im Ofen 15 Minuten bei 180°C backen.
3. Den Tofu würfeln und in Margarine anbraten. Den gebackenen Kartoffelteig mit Tomatenmark bestreichen, mit den gewaschenen und in Scheiben geschnittenen Tomaten und Champignons belegen. Darüber den angebratenen Tofu und die feingehackten Zwiebeln geben.
4. Die Kartoffel-Tofu-Pizza mit dem geriebenen Käse bestreuen und im Backofen so lange backen, bis der Käse schmilzt (etwa 10 Minuten.

Versteckte Röstlinge mit Avocadosoße

Zutaten

Für die Röstlinge:

25 g Vollreis
125 g Hensel-Tofu ungewürzt
50 g feingehackte Zwiebeln
25 g Vitaquell-Margarine
25 g Haferflocken
2 Eier
15 g Kräutersalz
50 g Paniermehl
30 g Kartoffelknödelpulver halb und halb

Für die Knödel:

1 Paket Kartoffelknödelpulver halb und halb ungeschwefelt (8 Stück)
1 reife Avocado
200 g Tofu
1/4 l Milch
150 g Crème fraîche
10 g grüner Pfeffer mit Brühe
einige Spritzer Zitronensaft
5 g Kräutersalz
10 g pflanzliche Streuwürze
2 Bund Dill

Zubereitung

1. Die Röstlinge nach dem Grundrezept (siehe Seite 60) herstellen.
2. Die Kartoffelknödel nach Anweisung anrühren, in 8 Portionen aufteilen und flachdrücken. Dort hinein 8 Bällchen Tofumasse geben. Runde Klöße formen und in leicht gesalzenem Wasser 15 bis 20 Minuten garen.
3. Avocado schälen, pürieren. Aus Tofu, Milch und Crème fraîche eine schlanke Soße herstellen. Dem Avocadopüree grünen Pfeffer zugeben.
4. Mit Zitronensaft, Kräutersalz und Streuwürze abschmecken und frischen gehackten Dill darübergeben. Die Soße zu den heißen Klößen servieren.

Nachwort

Es soll hier kein Produktdiktat ausgesprochen werden. Jeder darf Produkte nach eigenem Gusto einkaufen und verarbeiten. Ich fühle mich aber verpflichtet, die guten Erfahrungen, die ich mit den Produkten der neuform-Reformwarenhersteller gemacht habe, hier anzuführen. Dies ist mir vor allem auch deshalb ein Anliegen, weil ich die Lebensmittel täglich in meinem Restaurant verarbeite und den Gästen anbiete.

Die Firma Hensel stellt nicht nur hervorragenden Tofu her, sondern auch hochwertige Teigwaren und den wertvollen Obstessig aus ganzen, sonnengereiften Äpfeln.

Danga-Kräutersalz oder Vollmeersalz sollte in keiner Küche fehlen. Über Fauser-Vitaquell-Öle und -Fette erübrigt sich fast jeder Kommentar. Neu im neuform-Reformhaus sind die Sojamilchprodukte von Nuxo, die in ihrer Vielfalt eine wesentliche Bereicherung des Angebotes darstellen.

Rezeptverzeichnis

Unser Tip

Alternativ essen
Die gesunde Sojaküche
(0553) Von Uwe Kolster, 112 Seiten, 8 Farbtafeln, kartoniert, **DM 9,80,** S 79,–

Gesund kochen mit Keimen und Sprossen
(0794) Von Maren Bustorf-Hirsch, 104 Seiten, 8 Farbtafeln, 13 Zeichnungen, kartoniert, **DM 8,80,** S 74,–

Meine Vollkornküche
Herzhaftes von echtem Schrot und Korn
(0858) Von Sieglinde Walz, 128 Seiten, 8 Farbtafeln, kartoniert, **DM 8,80,** S 74,–

Meine Vollkornbackstube
Brot · Kuchen · Aufläufe
(0616) Von Rita Raffelt, 96 Seiten, 4 Farbtafeln, 12 Zeichnungen, kartoniert, **DM 6,80,** S 59,–

Die abwechslungsreiche Vollwertküche
Vitaminreich und naturbelassen kochen und backen
(4229) Von Maren Bustorf-Hirsch, Karin Siegel, 280 Seiten, 31 Farbtafeln, 78 Zeichnungen, Pappband, **DM 36,–** S 298,–

Die feine vegetarische Küche
(4235) Von Fritz Faist, 160 Seiten, 191 Farbfotos, Pappband, **DM 24,80,** S 198,–

Falls durch besondere Umstände Preisänderungen notwendig werden, erfolgt Auftragserledigung zu dem bei der Lieferung gültigen Preis.

FALKEN VERLAG